ZU DIESEM BUCH

Barcelona ist eine Stadt in ständigem Aufbruch, eine »Stadt der Wunder«, wie sie der Schriftsteller Eduardo Mendoza einst genannt hat, in deren ehrwürdigen Gebäuden und Palästen sich die Geschichte der Hauptstadt Kataloniens festgeschrieben hat. Das magische Barcelona von Carlos Ruiz Zafóns »Der Schatten des Windes« spürt, wer sich im Barri Gòtic schlendernd im Gewirr der Gässchen verliert. Doch Barcelona hat viele Gesichter. Quirli-ges kosmopolitisches Flair verbindet sich hier mit den Traditionen der Stadt, postmoderne Architektur findet sich neben den Jugendstilbauten der katalanischen Meister des Modernisme. Die Vielfalt Barcelonas reicht von den römischen Ruinen über die Gassen und geschichtsträchtigen Orte der Blütezeit der Stadt im Mittelalter bis zu den Bauten Antoni Gaudís in der Stadterweiterung Eixample oder zu den Stätten der beiden Weltausstellungen

und der Olympischen Spiele im Jahr 1992, die Barcelona den Anschluss an die Metropolen der Welt brachten. All dies findet man eingebettet in die bezaubernd lebendige Atmosphäre der Hafenstadt, in der sich Menschen verschiedenster Provenienzen zusammengefunden haben. Schon seit geraumer Zeit haben die jungen Kreativen die Stadt erobert: Innovative spanische Designer, Modemacher und Künstler haben sich hier niedergelassen, die ihre

Läden, Boutiquen und Ateliers in den ehemaligen Fischer- und Arbeitervierteln wie El Raval oder El Born präsentieren. Weitere Attraktionen in der Umgebung eröffnen sich dem, der vom raschen Takt der Großstadt einmal Abstand gewinnen möchte. Hier reicht das Spektrum von den Inszenierungen des Surrealismus im Dalí-Museum in Figueres über die herrlichen Buchten und Strände der Costa Brava bis zum Felsenkloster von Montserrat.

Alte Stadthäuser und Paläste bieten eine großartige Kulisse für das lebendige Treiben rund um die Kais im Hafen von Barcelona. Fischerboote, Segelschiffe, Jachten und Jollen schaukeln im Wellengang. Eine sanfte Brise weht vom Meer herüber. Eine Mischung von Aufbruchstimmung, Fernweh und Gelassenheit liegt in der Luft.

INHALT

Oben: Deutlich spürbar wird das Flair der Hafenstadt am nächtlich erleuchteten Port Vell mit der Brücke Rambla del Mar und dem Erlebnisbereich Maremagnum.

Bilder auf den vorherigen Seiten:

S. 1 Edle Musikerinnen aus Keramik, mit Mosaik und Glaskacheln dekoriert, finden sich im Innern des Palau de la Música Catalana.

S. 2/3 Barcelona ist Treffpunkt und Umschlagplatz für Menschen, Ideen und Güter aus aller Welt. Hier ein Blick von oben über den Hafen und den Stadtteil Barceloneta mit der Torre Jaume I.

S. 4/5 Organisch geformt wie Knochen oder pflanzliche Strukturen sind die Fensterstreben in Gaudís berühmter Casa Batlló.

S. 6/7 Ein Fest für die Sinne: Die Fontänen der Font Magica vor dem Palau Nacional begleiten mit ihrem Farben- und Formenspektrum über 30 verschiedene Musikstücke.

S. 8/9 Den Touristenströmen zum Trotz zeigt sich die Costa Brava vielerorts noch von ihrer wilden, unberührten Seite.

BARRI GÒTIC UND EL RAVAL

Mit seinen Ruinen aus der Römerzeit, schmalen mittelalterlichen Gassen und der hoch aufragenden Kathedrale La Seu bildet das »Gotische Viertel« den ältesten Teil Barcelonas. Hier befand sich einst auch das jüdische Viertel El Call. El Raval, das westlich von den Rambles gelegene lebendige multikultu-relle Stadtviertel Barcelonas, lag ursprünglich vor den Stadtmauern. Hier waren Klöster, Spitäler, Handwerksbetriebe und Schlachthöfe angesiedelt. Im 19. Jahrhundert kamen die Arbeiterviertel und das einst verrufene Barri Xino dazu. Bars, Cafés und kleine Läden laden hier heute zum Flanieren ein.

Zwischen den Rambles, der Via Laietana und der Plaça de Catalunya erstreckt sich das älteste Stadtviertel Barcelonas. Im Barri Gòtic mit seinem dichten Geflecht aus kleinen dunklen Gassen herrscht immer ein geschäftiges Treiben von den unterschiedlichsten Menschen.

BARRI GÒTIC

Das Barri Gòtic ist das Herz des mittelalterlichen Barcelona und besteht aus verschiedenen Bezirken, darunter das alte jüdische Viertel, das im Mittelalter durch Mauern abgetrennt war. Im historischen Stadtkern auf dem Berg Taber findet man heute noch die Überreste aus römischer Zeit: vier korinthische Säulen des Tempels César Augusto. Viele Baudenkmäler stammen aus dem 14. und 15. Jahrhundert. Mit seinen schmalen, in verwinkelte Plätze mündenden Gassen, hat das Barri Gòtic sein besonderes Flair über die Jahrhunderte bewahrt. Im Mittelpunkt erhebt sich die Kathedrale (1298–1448) mit den sie umgebenden Gebäuden, darunter die Basílica Santa Maria del Mar (1329–1383) und der Palau de la Generalitat auf der Plaça de Sant Jaume. An der Plaça de la Mercè liegt die Basilika, die der Schutzpatronin Barcelonas Nostra Senyora de la Mercè gewidmet ist.

Die neugotisch-modernistische Brücke aus dem Jahr 1928 führt über den Carrer Bisbe (großes Bild) und verbindet den Palau de la Generalitat mit der Casa dels Cononges, in der heute die Minister Kataloniens residieren. Kleine Läden wie hier das Feinkostgeschäft La Pineda (links) machen das Barri Gòtic zu einem der attraktivsten Stadtviertel Barcelonas. Graffiti im mittelalterlichen Stadtbild (ganz links).

KATHEDRALE LA SEU

Die dem Heiligen Kreuz und der heiligen Eulalia geweihte Bischofskirche von Barcelona geht in ihren Wurzeln bis ins frühe Christentum zurück. Davor befand sich auf diesem Platz ein römischer Tempel. Der heutige Bau entstand zwischen 1298 und 1450 in den strengen Formen der katalanischen Gotik. Die überaus reich verzierte Fassade der Kirche und der Mittelturm wurden jedoch erst im 19. Jahrhundert hinzugefügt. In der Krypta haben die sterblichen Überreste von Eulalia, einer Schutzpatronin Barcelonas, ihre letzte Ruhestätte. In der nordwestlichen Ecke befindet sich die Kapelle der heiligen Lucia, die zu den ältesten Teilen des Baus gehört und noch aus der Romanik stammt. Kunstgeschichtlich bedeutend sind auch das Chorgestühl, der Christus von Lepanto, einst Gallionsfigur eines spanischen Flaggschiffs, und die farbigen Glasfenster im Innern der Kathedrale.

KATHEDRALE LA SEU

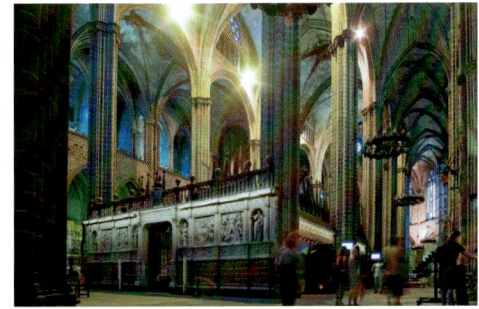

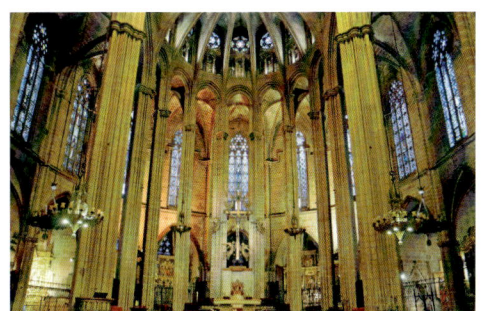

Mildes Licht fällt durch die Glasfenster in das Innere der Kathedrale und illuminiert die ganze Pracht ihrer Einzelheiten, darunter den kunstvoll geschnitzten Chor (ganz links) mit dem Chorgestühl aus dem Jahr 1399 und den königlichen Wappen (großes Bild). 1519 hatten sich hier die Ritter vom Goldenen Vlies unter Karl V. versammelt. Unter dem Hauptaltar (links) fand die heilige Eulalia ihre letzte Ruhestätte.

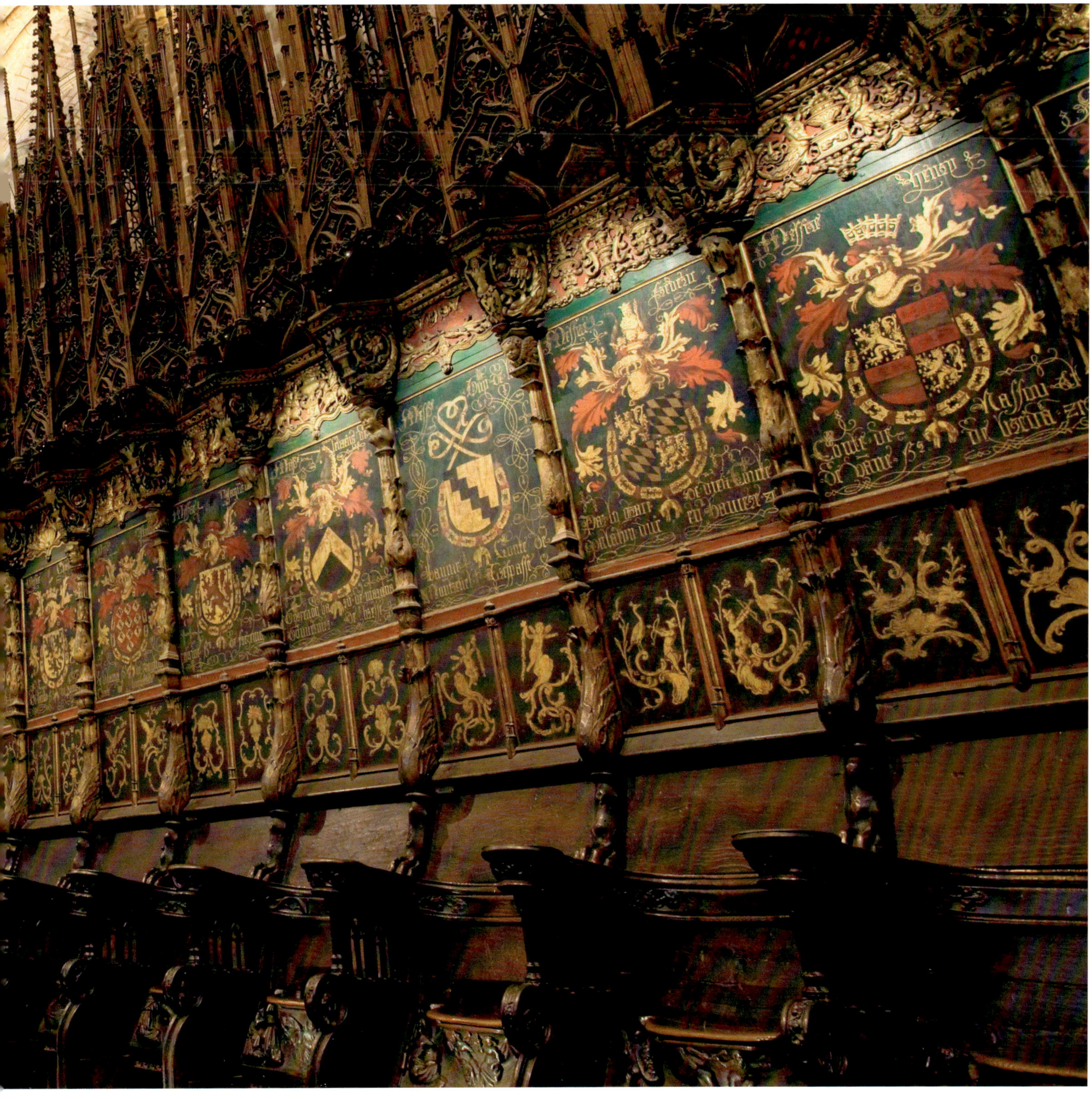

SANTA EULALIA

Gleich zwei heilige Jungfrauen halten ihre Hände schützend über die Hauptstadt Kataloniens. Neben der Jungfrau von Mercè wurde auch die heilige Eulalia zur Schutzpatronin Barcelonas erklärt, nachdem sie der Legende nach im Alter von nur 13 Jahren den Märtyrertod gestorben war. Während der Christenverfolgung unter Diokletian soll das tiefgläubige Mädchen sich vor dem Kaiser gegen die grausame Verfolgung ihrer christlichen Glaubens-gefährten eingesetzt haben. Eulalia musste daraufhin die gleichen Folterqualen erleiden – man sperrte sie in ein mit Messern und Glasscherben gespicktes Fass und rollte sie die Straße hinab, die seitdem als »Baixada de Santa Eulalia« bekannt ist. Eulalia starb schließlich ans Kreuz genagelt im Jahr 303. Im Jahr 1339 wurden ihre sterblichen Überreste von der Kirche Santa Maria del Mar in die ihr gewidmete Kathedrale von Barcelona überführt.

Das mit reichem Skulpturenschmuck versehene Grabmal der Heiligen befindet sich in der Krypta unter dem Hauptaltar. Obwohl große Teile ihrer Heiligenvita mit den Legenden der heiligen Eulalia von Mérida übereinstimmen, die jedoch in einem Ofen verbrannte, wurde die Märtyrerin von Barcelona im Jahr 633 heiliggesprochen. Alljährlich wird beginnend am 12. Februar, ihrem Todestag, die »Festa de la Laia« eine Woche lang gefeiert.

Eine breite Treppe führt hinab in die Krypta, deren geräumiger Saal den Sarkophag der Eulalia beherbergt (großes Bild). Hier, unmittelbar unter dem Hauptaltar, befinden sich im prächtigen Alabasterschrein die Gebeine der heiligen Eulalia. Statuen und Reliefs aus dem Jahr 1339 schmücken den Deckel (links). Unten links: Bild des spanischen Malers Bernat Martorell (um 1410–1453) des Martyriums der Eulalia.

KATHEDRALE LA SEU: KREUZGANG UND INNENHOF

Bis ins Innere der Kathedrale dringt das Geschnatter der Gänse, die als ständige Bewohner des Kreuzgangs der Kathedrale ein privilegiertes Dasein führen. Den Barcelona-Reisenden mag es verwundern, dass die Tiere in der Kirche gehalten werden. Der Legende nach sind dies jedoch die 13 Gänse der heiligen Eulalia, die zum einen an ihre bäuerliche Herkunft erinnern sollen und zum anderen durch ihr weißes Gefieder die Unschuld der Jungfrau symboli-

sieren. Jedem ihrer Lebensjahre ist eine Gans gewidmet, die nun alle zwischen den Palmen, Magnolien und Orangenbäumen des Innenhofs herumspazieren. Der Kreuzgang wurde in den Jahren 1380 bis 1451 errichtet und wird von zahlreichen Kapellen gesäumt, deren wohl bekannteste die Kapelle der heiligen Lucia ist. Vom Kreuzgang aus erreicht man das kleine Museum der Kathedrale, in dem Statuen, Gemälde und Paraphernalien zu sehen sind.

Im Kreuzgang der Kathedrale La Seu schnattern noch heute die Gänse der heiligen Eulalia um den Georgsbrunnen herum. Die aus 13 Tieren bestehende Gänseschar wird zur Erinnerung an die Heilige gehalten, diente aber ursprünglich auch zur Bewachung des Areals (großes Bild). An heißen Sommertagen bietet der mit Palmen bestandene Innenhof einen willkommenen Ruhepol im Getöse der Stadt (Bilder links).

PALAU REIAL MAJOR MIT CAPELLA PALATINA DE SANTA ÀGATA

Auf der Plaça del Rei steht der alte Königspalast, der Teil des Museu d'Història de Barcelona ist. Die Idee zu diesem Museum entstand bereits 1929 zur Weltausstellung, als man zum ersten Mal den Wunsch hatte, die Geschichte der Stadt umfassend zu dokumentieren. Errichtet wurde das Bauensemble, das aus der Capella Palatina de Santa Àgata (1302), dem Saló del Tinell (1359) und dem Palau del Lloctinent (1549) besteht, im 14. Jahrhundert als Sitz der Grafen von Barcelona. Der Palau del Lloctinent wurde im Verlauf des 16. Jahrhunderts von dem Architekten Antoni Carbonell gebaut und diente als Wohnung der Vizekönige. Heute beherbergt er das Archiv der Familie Aragón. Die Capella Palatina de Santa Àgata wurde 1302 auf Anordnung König Jaumes II. gebaut. Das »Retabel des Kronfeldherrn« von Jaume Huguet aus dem 15. Jahrhundert gilt als besonderes Schmuckstück.

Die Kapelle der heiligen Àgata (großes Bild) ist
ein Beispiel katalanischer Gotik. Entworfen von
Bertran Riquer, war sie als höfische Kirche geplant. Trotzdem ist sie betont schlicht gehalten.
Sie besteht aus einem Kirchenschiff mit über-
dachtem Tonnengewölbe. Die Apsis ist polygonal.
Die Altartafel, gefertigt von Jaume Huguet, zeigt
die Heiligen Drei Könige (unten). Links:
die eindrucksvolle Außenansicht des Palasts.

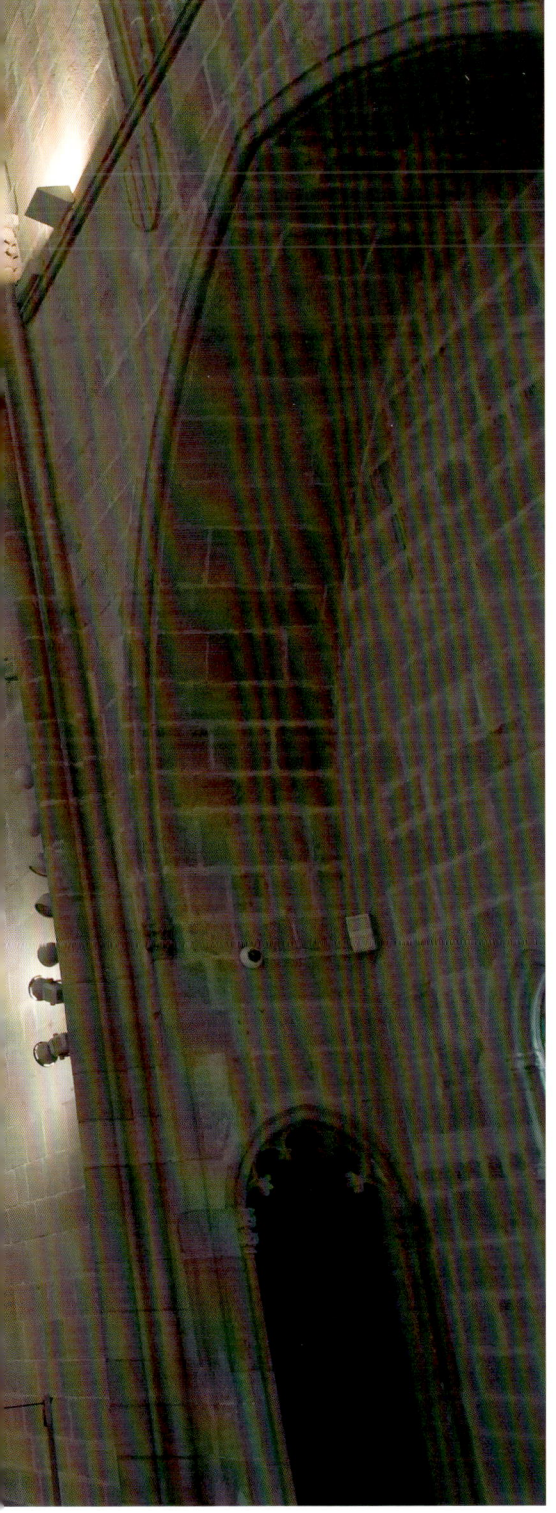

DIE KRONE VON ARAGÓN

Im Jahr 1137 wurde der Ehevertrag zwischen Ramón Berenguer IV., Graf von Barcelona, und der erst einjährigen Infantin Petronella von Aragón geschlossen, der zur Vereinigung von Aragonien und Katalonien führte. Die Fürstentümer bildeten nun ein Großreich, das unter dem Titel »Krone Aragón« von Barcelona aus regiert wurde. König Alfons II. von Aragón, ein Förderer der Sänger und Dichter, übernahm ab 1162 die Regierung, gefolgt von seinem Sohn Peter II. und dessen Nachfolger Jakob I., (katalan.: Jaume I.). Mit der Herrschaft der Krone Aragóns begann für Barcelona ein Goldenes Zeitalter. Durch geschickte Heiratspolitik und Eroberungsfeldzüge erstreckte sich das Reich bald auf Valencia, die Balearen, Sizilien und Neapel, Sardinien und Korsika sowie große Gebiete in Frankreich. Zu einer Zeit, als Spanien noch weitgehend unter maurischer Herrschaft war, schwang sich Barcelona zu einer der führenden Mächte im westlichen Mittelmeer auf. In der rund 300 Jahre währenden Blütezeit etablierte sich die katalanische Literatur, und mit den Corts Catalanes tagte erstmalig ein Parlament. Viele wichtige Bauwerke entstanden, die bis heute das Gesicht des Barri Gòtic prägen. Mit der Heirat König Ferdinands II. von Aragón und Isabella von Kastilien endete die Vormacht Kataloniens auf der Iberischen Halbinsel.

Im Saló del Tinell (großes Bild), dem königlichen Thronsaal aus dem 14. Jahrhundert, hielten die letzten Könige von Aragón Audienz. Ein Wandgemälde im Saal (links) zeigt die Truppen König Jaumes I. Unten: Gemälde des Jaume I. von Salvador Martínez Cubells. Ramón Berenguer III., »El Grande«, Graf von Barcelona, wurde im Jahr 1881 ein Reiterstandbild auf dem nach ihm benannten Platz gewidmet (ganz links).

MUSEU D'HISTÓRIA DE LA CIUTAT DE BARCELONA

Das in der spätmittelalterlichen Casa Padellàs und dem Palau Reial Major untergebrachte Museum zur Stadtgeschichte führt in die antike und mittelalterliche Vergangenheit Barcelonas ein. Die römischen Ausgrabungen geben einen lebendigen Einblick in die erste Besiedlung der Stadt. Vom zum Museum gehörenden alten Wachturm Mirador del Rei Martí (1555) kann man einen fantastischen Blick auf die mittelalterlichen Gassen der Altstadt genießen. Ebenfalls dem Museum angeschlossen ist der gotische Thronsaal des königlichen Palastes, der Saló del Tinell (1359–1370). Hier empfingen der spanische König Ferdinand II. und seine Frau, Königin Isabella I., den von der Entdeckung Amerikas zurückkehrenden Christoph Kolumbus mit größtem Pomp. Hier tagte aber auch die Inquisition – die Scheiterhaufen für die verurteilten Ketzer loderten auf dem Platz vor dem Palast.

Mit zahlreichen Exponaten will das Museum seinen Besuchern die Geschichte der Stadt näherbringen. An die römische Epoche erinnern verschiedene Statuen (links). Traditionen und Brauchtum aus Katalonien sowie die jüngste Vergangenheit der Stadt (großes Bild) werden hier auf mehreren Stockwerken anschaulich mit Fotografien, Objekten und informativen Texten dokumentiert.

COLONIA FAVENTIA JULIA AUGUSTA PIA BARCINO

Bereits im 4. vorchristlichen Jahrhundert wurde der Küstenstrich rund um das heutige Barcelona von iberischen Völkern besiedelt, bis im 3. Jahrhundert v. Chr. die Gegend von Karthagern erobert wurde. Die Legende berichtet, dass kein anderer als Hannibals Vater Hamilkar Barkas die Siedlung am Meer gründete und ihr seinen Namen gab. Im Zweiten Punischen Krieg (218–201 v. Chr.) gelang es den Römern, das Land rund um Barcelona zu besetzen und von hier aus die gesamte Iberische Halbinsel zu unterwerfen. Um das Jahr 15 v. Chr. wurde die ursprünglich als Stützpunkt des römischen Heeres errichtete Siedlung Barcino von Kaiser Augustus mit dem Namen Colonia Faventia Julia Augusta Pia Barcino bedacht. Ihm zu Ehren wurde der Augustustempel errichtet, von dem heute noch vier Säulen erhalten sind. Das Forum befand sich dort, wo heute die Plaça de Sant Jaume liegt. Die Anlage des ehemaligen Militärlagers mit rechtwinklig angeordneten Straßen ist in der Altstadt Barcelonas noch erkennbar. Archäologische Funde lassen auf eine wohlhabende Bevölkerung schließen, die von der Landwirtschaft lebte und Handel trieb. Die Herrschaft Roms wurde um 415 durch einfallende Westgoten beendet, gefolgt von der maurischen Invasion ab 711 und der Eroberung durch die Franken im 8. Jahrhundert.

COLONIA FAVENTIA JULIA AUGUSTA PIA BARCINO

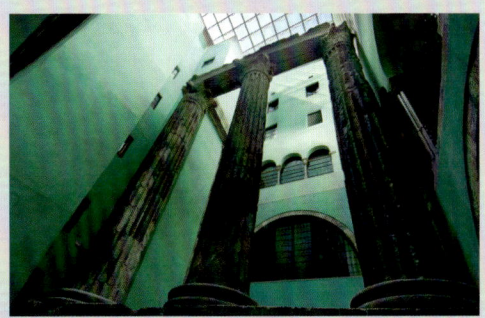

Unter der Plaça del Rei ruhen die antiken Reste der Colonia Faventia Julia Augusta Pia Barcino, die man bei einem Besuch des Museu d'Història de la Ciutat de Barcelona besichtigen kann (großes Bild). Auch einige römische Statuen, wie diese Büste Kaiser Nervas (unten), sind hier ausgestellt. Die Säulen des Augustustempels mit korinthischem Kapitell zieren heute den Hof des Centre Excursionista de Catalunya (links).

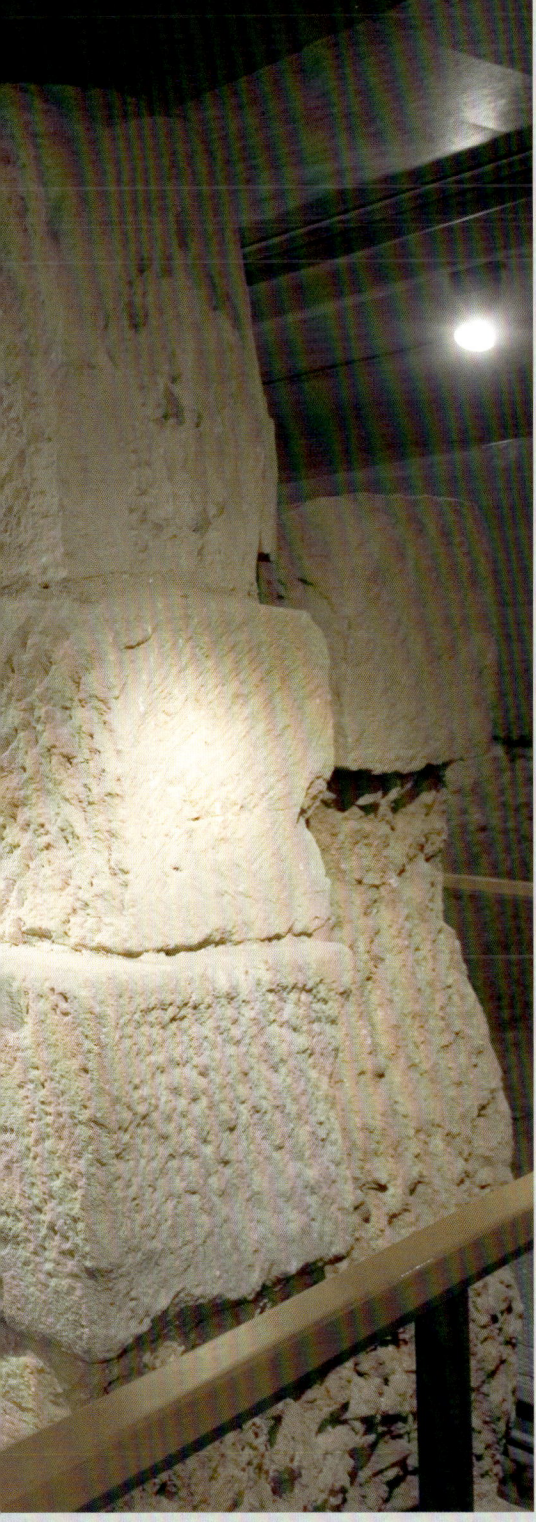

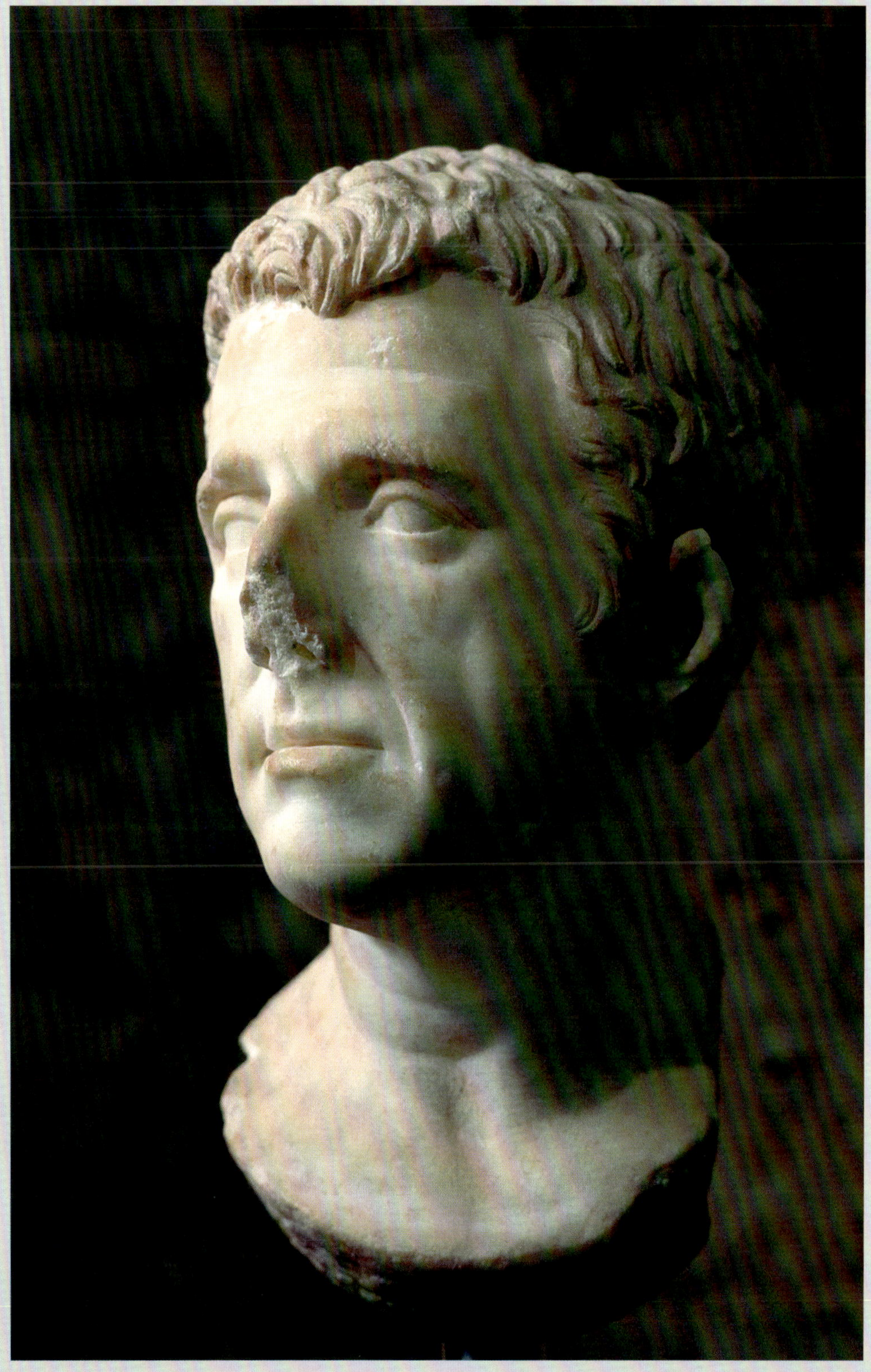

PLAÇA DE SANT JAUME

Schon in der Römerzeit lag in der Nähe des Forums das politische Zentrum der Stadt. Heute wird der Platz vom Palau de la Generalitat (Regierungspalast), dem Ajuntament (Casa de la Ciutat oder Rathaus) und von La Caixa (einer der ältesten Banken überhaupt) gesäumt. Der Name geht auf eine dem heiligen Jakobus geweihte, 1824 abgerissene Kirche zurück. Das Rathaus entstand im 14. Jahrhundert als spätgotischer Bau, die heutige Fassade ist jedoch ein Werk des Klassizismus. Im Innern blieb vieles aus der Zeit der Gotik erhalten, so auch die Decke im Saló de Cent, dem Versammlungssaal für den Rat der Hundert. Die Fassade des Palau de la Generalitat an der Carrer del Bisbe Irúrita, einstmals Sitz der katalanischen Landstände, zeigt die Geschichte des heiligen Georg, des Schutzpatrons von Katalonien, in Reliefs. Im Innern hat der Saló de Sant Jordi seine Renaissanceformen bewahrt.

PLAÇA DE SANT JAUME

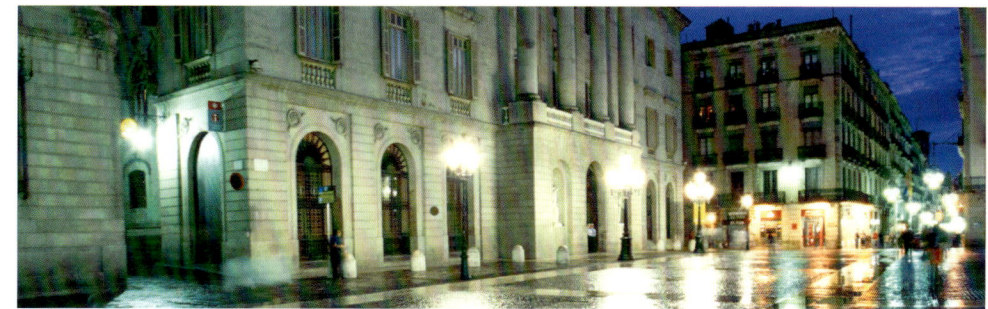

Die weiträumige Plaça de Sant Jaume ist nicht nur Touristentreffpunkt, sondern auch Ort politischer Kundgebungen und Festveranstaltungen. So wurde hier im Jahr 1931 auch die Katalanische Republik ausgerufen. Hier feiert man aber auch die Siege des FC Barcelona und den Karneval. Umsäumt wird der Platz vom Palau de la Generalitat (großes Bild), dem Ajuntament (links) und der Bank La Caixa.

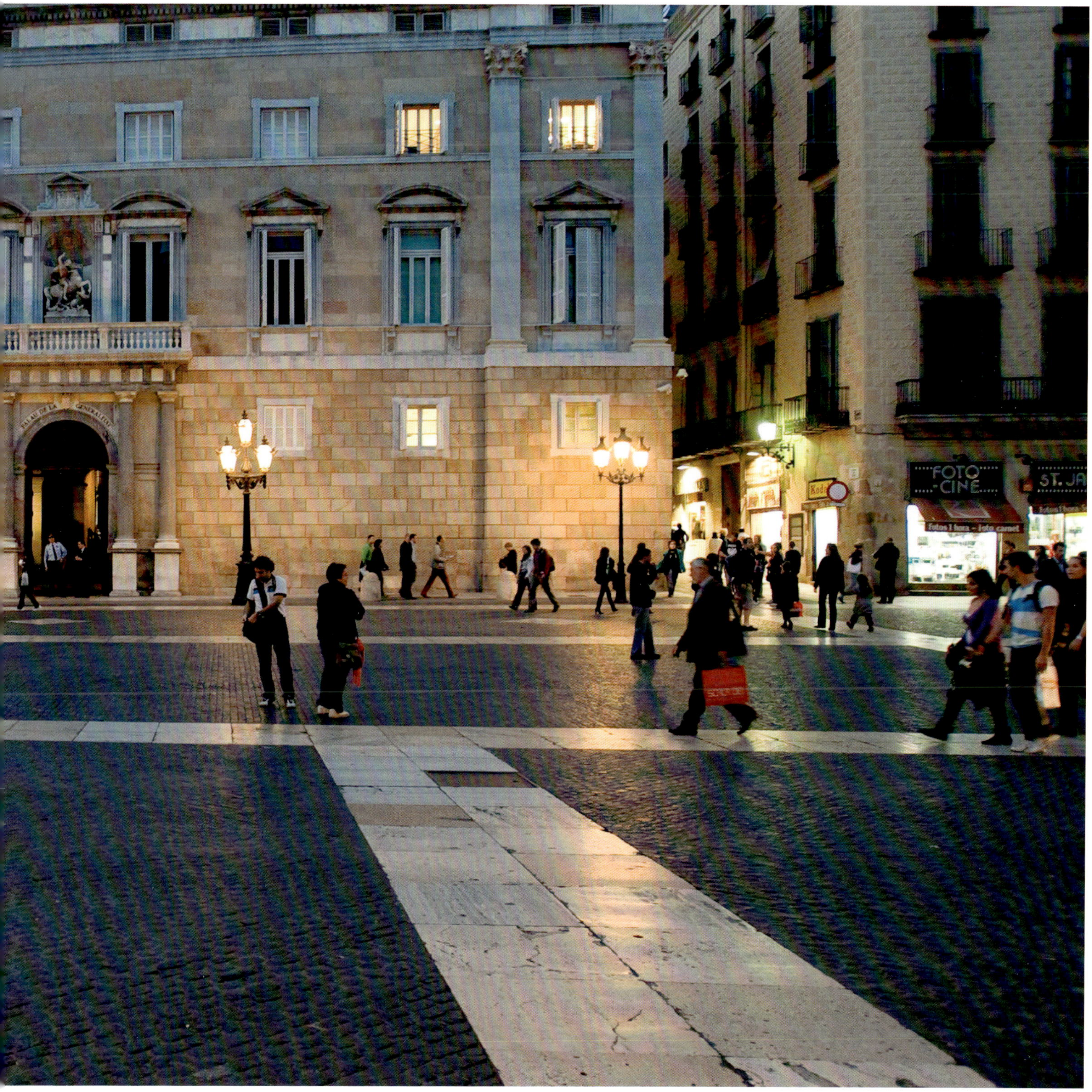

PALAU DE LA GENERALITAT

An der Plaça de Sant Jaume, vis-à-vis dem Rathaus, steht der Palau de la Generalitat mit seiner beeindruckenden Renaissancefassade. Sie stammt vom Architekten Pere Blai, der mit diesem Werk in Barcelona eine Stilwende, weg von der Gotik hin zur Renaissance, einläutete. Im Palau de la Generalitat befindet sich der Regierungssitz von Katalonien. Tatsächlich wurde das erste Gebäude bereits im Jahr 1400 von dem zwölften Regierungspräsidenten des Landes, Alfons de Tous, gekauft. Seitdem haben 127 Präsidenten dort gewohnt. Im Carrer de Sant Honorat kann man noch die ursprüngliche Fassade bewundern. Später wurden weitere Gebäude integriert, was vielfältige Stilvariationen nach sich zog. Besonders beeindruckend im Innern des Palasts ist der Goldene Salon, ausgestattet mit einer modern gestalteten goldenen Decke und einem Werk von Antoni Tàpies.

Der Saló de Sant Jordi ist der wichtigste Raum des Palasts und mit reichem Wand- und Deckenschmuck (links) ausgestattet. Die vom katalanischen Architekten Pere Blai gestaltete hochgotische dreischiffige Pfeilerhalle (unten links) mit der schönen Kuppel wurde bis zum Jahr 1714 als Kirche genutzt und dient seitdem als Fest- und Inaugurationssaal. Die Fresken (großes Bild) entstanden zu Beginn des 20. Jahrhunderts.

AJUNTAMENT

Die ebenfalls an der Plaça de Sant Jaume gelegene Casa de la Ciutat birgt heute das Ajuntament (Rathaus) von Barcelona. Das herrschaftliche Gebäude aus dem 14. Jahrhundert versteckt hinter seiner klassizistischen Fassade eine beeindruckende Architektur. Die gotischen Ursprünge sind gut erkennbar an der zweistöckigen Fassade, die zum Carrer de la Ciutat zeigt. Markant ist das horizontal verlaufende Kordongesims. Im oberen Stockwerk finden sich Spitzbogenfenster mit filigranem Maßwerk. Den in der Renaissance verschönerten Innenhof mit Ehrentreppe schmücken Statuen katalanischer Künstler von Josep Clarà bis Joan Miró. Original erhaltene Dachbalken finden sich im Notariat, dem ältesten Teil des Rathauses. Beeindruckend sind auch die Freitreppe aus schwarzem Marmor, der Saló de Cent sowie der Innenhof des Neubaus mit der Statue von Antoni Llena.

AJUNTAMENT

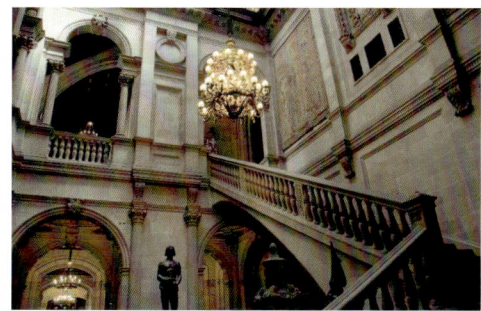

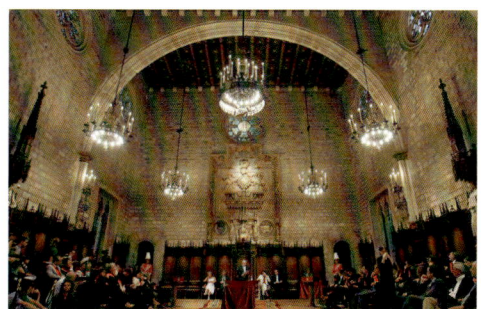

Barcelonas Stadtverwaltung residiert in der altehrwürdigen Casa de la Ciutat, mit deren Bau man bereits im Jahr 1369 begonnen hatte. Der Plaça de Sant Jaume zugewandt ist die klassizistische Fassade, die 1846 von dem katalanischen Architekten Josep Mas i Vila geplant wurde (großes Bild). Im Innern führt eine Ehrentreppe aus Marmor von Pere Falqués aus dem Jahr 1894 (ganz links) hinauf zum Ratssaal Saló de Cent (links).

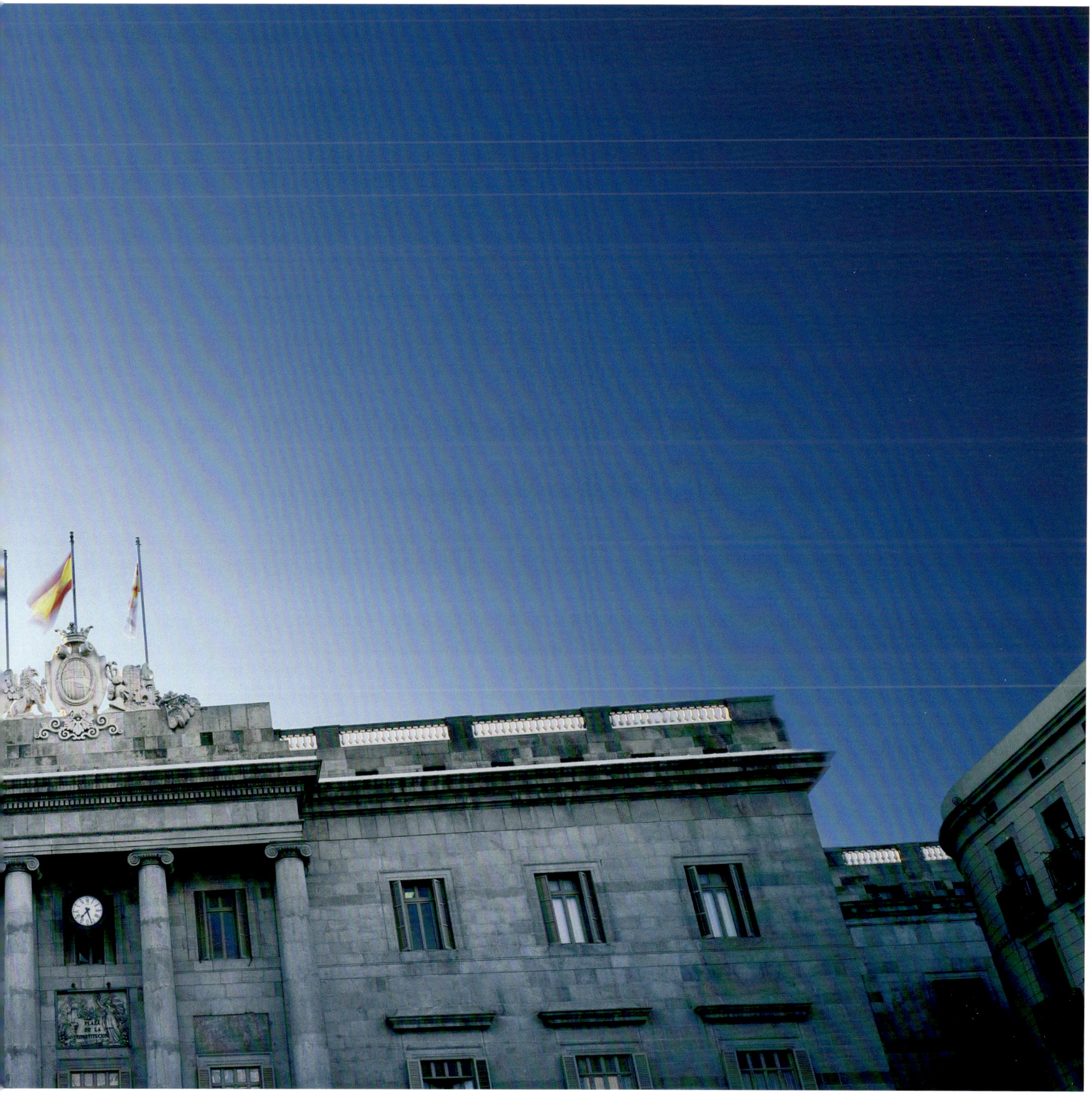

BARRIO JUDÍO (EL CALL)

Das jüdische Viertel, El Call, ist Teil des Barri Gòtic. Die engen Gässchen zwischen der Carrer dels Banys Nous, Baixada Santa Eulàlia und Carrer Ferrán waren einst das Zentrum jüdischen Lebens in Barcelona. In El Call – der Name kommt aus dem Hebräischen und bedeutet so viel wie Gemeinschaft – lebten zu seiner Blütezeit etwa 5000 Einwohner. Mit seiner Universität war es vom 12. bis ins 14. Jahrhundert das geistige und kulturelle Zentrum der Stadt. Doch das jüdische Leben in El Call fand ein jähes Ende. Im Pogrom von 1391 wurden Geschäfte und Synagogen zerstört und geplündert und über 300 Juden ermordet, der Rest musste entweder die Stadt verlassen oder zum christlichen Glauben konvertieren. Heute haben sich Künstler und Kreative in den Gässchen niedergelassen und verleihen ihm mit fantasievollen Geschäften und Cafés einen eigenen Charme.

Von den ehemals drei Synagogen des jüdischen Viertels kann man heute nur noch die baulichen Überreste der Sinagoga Major im Carrer Marlet besichtigen. Die Gewölbe (Bilder links) beherbergen einen kostbaren siebenarmigen Leuchter (ganz links) sowie weitere Paraphernalien. Am Abend verlocken die edlen Restaurants des im Herzen von El Call gelegenen Carrer de Sant Sever (großes Bild) zur Einkehr.

PLAÇA DEL PI MIT SANTA MARÍA DEL PI

Nahe bei den Rambles und mitten im Herzen des Barri Gòtic stößt man fast wie von selbst auf den kleinen schattigen Platz mit seiner alten Pinie, der von stimmungsvollen Cafés gesäumt wird und nahezu unbemerkt in den angrenzenden Platz Sant Josep Oriol übergeht. Hier hatte Picasso eines seiner ersten Ateliers, und auch Joan Miró wuchs hier auf. Am Wochenende bieten Künstler ihre Werke an, und Händler verkaufen Produkte aus der Regi-on wie Honig, selbst gemachte Marmeladen und Mató (Frischkäse). Die Plaça del Pi wird von der gleichnamigen Kirche aus dem 14. Jahrhundert dominiert, die mit ihren gotischen Türmen und der riesigen farbenprächtigen Rosette zu den größten Kirchenbauten der Welt zählt. Die Kirche fiel 1936 während des Spanischen Bürgerkriegs einem Brand zum Opfer und wurde später im neugotischen Stil wiederaufgebaut.

In der Bar del Pi (unten) wurde 1936 die Sozialistische Partei Kataloniens gegründet. Plakate im Innern der Bar erinnern noch an diese Zeit. An der Plaça del Pi erhebt sich die Kirche Santa Maria del Pi. Schlichte, klare Formen sowie der Verzicht auf Seitenschiffe zugunsten von Seitenkapellen (Bilder links) zeichnen sie als gotischen Bau aus. Einen Blick wert ist auch der Jugendstilladen Coses de Casa (großes Bild) an der Ecke.

PALAU DE LA MÚSICA CATALANA

Der zum UNESCO-Weltkulturerbe zählende Musik-palast ist eines der schönsten Beispiele des Moder-nisme und des katalanischen Nationalstolzes. Er wurde von 1905 bis 1908 durch Lluís Domènech i Montaner für die Chorvereinigung Orfeó Català er-richtet, die den Bau bis heute besitzt. Mittlerweile wird aber nicht nur Chor-, sondern auch Instru-mentalmusik aufgeführt. Sogar Rock- und Popkon-zerte kann man hier besuchen. Die reiche Fassade des Gebäudes schmücken allegorische Mosaikbil-der, Keramiken und Büsten berühmter Komponis-ten. Auch Johann Sebastian Bach, Ludwig van Beethoven und Richard Wagner finden sich darun-ter. Im Innern thront über dem Auditorium mit sei-nen Glaswänden, üppigen Ornamenten und Skulp-turen eine strahlende Jugendstillichtkuppel. Die Orgel von 1908 stammt aus Deutschland, von Eber-hard Friedrich Walcker aus Ludwigsburg.

Üppiger Ornamentschmuck gehört auch zur Innenausstattung des Palau de la Música Catalana, hier ein Blick ins Vestibül (links). Berühmt für seine Dekoration ist der große Konzertsaal mit Podium und Orgel (großes Bild). Der Modernismebau des Palau, als Sitz für den Volkschor Orfeó Català errichtet, zählt nicht nur zu den Wahrzeichen Barcelonas, sondern ist auch ein Sinnbild für den Nationalstolz der Katalanen.

PLAÇA REIAL

Groß ist die Überraschung, wenn man aus den engen Gässchen kommend den eleganten, von Palmen umstandenen Platz betritt. Hier befand sich früher ein Kapuzinerkloster. Nach dessen Abriss errichtete man 1848 diesen an französischem Flair orientierten Platz in klassizistischem Stil. Der Architekt war Francesc Daniel Molina i Casamajó. Großzügig und doch wunderbar geschlossen, enthält die Anlage im Zentrum den Drei-Grazien-Brunnen und in den Arkaden der Randbebauung Läden, Restaurants, Bars und Diskotheken. Der Brunnen der drei Segen spendenden antiken Göttinnen wurde aus Gusseisen gefertigt. Er ist bei Einheimischen wie auch Touristen ein beliebter Ort für ein Stelldichein. Zeitweilig auch zum Treffpunkt zwielichtiger Gestalten verkommen, erstrahlt der »Königliche Platz« seit seiner Renovierung in den 1980er-Jahren wieder in neuem Glanz.

Nahe den Rambles gelegen, gehört die Plaça Reial zu den belebtesten Plätzen der Stadt – wie ein Wohnzimmer im Freien, tagsüber genauso wie in der Nacht. Hier lässt es sich unter Palmen angenehm sitzen und plaudern oder speisen (links). Die reich ornamentierten Kandelaber gelten als Gaudís erster öffentlicher Auftrag. Ein beliebter Treffpunkt ist der Springbrunnen im Mittelpunkt der Plaça Reial (großes Bild).

LOS CARACOLES

In dem dunklen Carrer d'Escudellers, nur ein paar Schritte entfernt von der Plaça Reial, befindet sich die berühmte Straßenecke, an der sich goldbraun gebratene Hähnchen am Spieß eines rauchigen Grills drehen – eine Szene, die den Betrachter in das mittelalterliche Barcelona zu versetzen scheint. Es handelt sich um eines der ältesten und gleichzeitig stilvollsten Restaurants der Stadt. Seit seiner Gründung durch die Familie Bofarull im Jahr 1835 wurde Los Caracoles über fünf Generationen hindurch im traditionellen Stil weitergeführt. Hat man die urtümliche Küche durchquert, in der von geschäftigen Köchen auf einem holzbetriebenen Herd Fleisch und Gemüse gegart werden, gelangt man in die Speiseräume, die, mit edlen spanischen Möbeln, alten Spiegeln und farbigem Kachelwerk ausgestattet, ein authentisches Ambiente vermitteln. Auch im ausgebauten Weinkeller des Hauses kann man zwischen Holzfässern und Kandelabern die Spezialitäten des Hauses – Muscheln in Weißweinsoße, Paella und natürlich »Caracoles« – Schnecken – genießen. Autogramme, Fotografien und Widmungen zieren die Wände dieses denkwürdigen Orts, an den es heute auch viele auswärtige Besucher zieht. Keine Geringeren als Alain Delon, Romy Schneider oder Salvador Dalí haben hier ihre Widmungen hinterlassen.

Nachdem man unter den von der Decke herab-baumelnden Schinken in der Bar des Restau-rants (großes Bild) einen Aperitif eingenommen hat, wird man durch die Küche (links) in die Speiseräume (unten) geführt. Zu den berühmten Spezialitäten von Los Caracoles gehört auch die Paella (ganz links), die Besucher in opulent-barockem Flair genießen. Teil der Dekoration sind Widmungen berühmter Persönlichkeiten.

PLAÇA DE CATALUNYA

Am nördlichen Ende der Rambles liegt die Plaça de Catalunya, ein wichtiger Verkehrsknoten- und Angelpunkt im Stadtbild von Barcelona. Der Platz verbindet die Altstadt und die neuere Stadterweiterung aus dem 19. Jahrhundert, das Eixample, das für seine quadratischen Häuserblocks mit den abgeschrägten Ecken (Chaflanes) und die vielen modernistischen Bauten bekannt ist. Zwei Springbrunnen und verschiedene Skulpturen befinden sich auf dem etwa 50 000 Quadratmeter großen Platz; ein paar Baumgruppen spenden dem Stadtflaneur Schatten. Rings um den Platz tobt der Verkehr, dahinter erheben sich monumentale repräsentative Gebäude im neoklassizistischen Stil. Ist sie auch keine außergewöhnliche Schönheit, so ist die Plaça de Catalunya ein sehr belebter und beliebter Treffpunkt. Eines der zahlreichen an der Plaça gelegenen Cafés und Bars ist das berühmte Café Zurich.

Die belebte Plaça de Catalunya (ganz links) ist etwa so groß wie der Petersplatz in Rom und ein wichtiger Verkehrsknotenpunkt in der Stadt. Zwei kreisrunde Brunnen sorgen für Erfrischung. Einen der beiden schmückt die Skulptur »La Deessa« (die Göttin) von Josep Clarà (großes Bild). Die Bank La Caixa und das große Kaufhaus El Corte Inglés liegen unmittelbar an der Plaça, auf der Kinder begeistert Tauben füttern (links).

SANTA ANNA

In einem versteckten Eckchen nahe der Plaça de Catalunya, zwischen den Rambles und dem Portal del Angel, liegt die kleine Kirche Santa Anna. Sie gehört zum gleichnamigen Kloster des Santo-Sepulcro-Ordens. Schummriges Licht fällt durch die kleinen Fenster. Auf einem ehemaligen romanischen Fundament wurde die Kirche im 11. Jahrhundert errichtet. Doch erst 400 Jahre später sollten der gotische Kreuzgang und der Kapitelsaal entstehen. Auch das Dach und das Kuppelgewölbe kamen erst im 15. Jahrhundert dazu. Auf dem angrenzenden kleinen Platz befindet sich ein altes Grenzkreuz. Die Kirche lag damals außerhalb der Stadtmauern. Ihre Anziehungskraft verdankt sie vor allem der besonderen Atmosphäre des alten Kreuzgangs, die den Besucher, nur wenige Schritte entfernt von der hektischen Plaça de Catalunya, in eine meditative Stimmung versetzt.

Die kleine gotische Kirche in Form eines griechischen Kreuzes besticht durch ihre kunstvollen Details: Schlanke Säulen und filigrane schmiedeeiserne Gitter beleben den schattigen Kreuzgang (links). Schlichtes Mauerwerk akzentuiert den bemalten Baldachin über dem Altar (großes Bild). In einer Seitenkapelle befindet sich die reich geschmückte Statue der Virgen de Guadalupe mit dem silbernen Halbmond (unten).

LES RAMBLES

Die in fünf Abschnitte unterteilte Rambla – auch Les Rambles genannt – reicht von der zentralen, zwischen der Alt- und der Neustadt gelegenen, verkehrsreichen Plaça de Catalunya bis zur Kolumbussäule und zum alten Hafen. Der Name leitet sich vom arabischen Wort für Flussbett ab, da hier einst entlang der Stadtmauer ein sandiger Graben lag. Der von Platanen gesäumte Boulevard ist Barcelonas Flaniermeile. Von kunstvoll geschmückten Palästen und Herrenhäusern, der Oper Gran Teatre del Liceu, der Barockkirche Església de Betlem, dem Font de les Canaletes, einem Bodenmosaik von Miró, der Boqueria, dem wohl schönsten Blumen- und Lebensmittelmarkt der Stadt, über Vogelhändler, Souvenirläden, Kioske, Café- und Restaurantterrassen samt Gästen und Müßiggängern bis zu Porträtmalern und Straßenkünstlern kann man hier alles finden und betrachten.

Les Rambles – das ist die große pulsierende Lebensader Barcelonas, ohne die man sich diese Stadt nicht vorstellen könnte. Auf der Flaniermeile mischen sich Verkaufsstände und Cafés, Artisten und Spaziergänger (unten). Nicht zu übersehen ist das Jugendstilhaus Casa Figueras, in dem Antonio Escribà, der »Mozart der Schokolade«, residiert, der die Bäckerei (links) in eine Zauberwelt feinster Backwaren verwandelte.

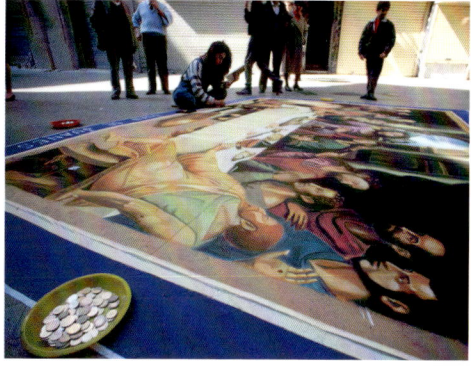

MUSEU D'ART CONTEMPORANI DE BARCELONA

Der für seine weißen Bauten und eine intensive Auseinandersetzung mit dem Licht bekannte amerikanische Architekt Richard Meier schuf den funktionalen Bau zwischen 1992 und 1995. Klare Strukturen, strenge Formen und große Fensterflächen bestimmen das Gebäude. Das große Vorbild des Architekten war der frühe Le Corbusier. Meier wird zu den New York Five gerechnet, die um 1970 eine Erneuerung der modernen Architektur durch Rückgriffe auf die 1920er-Jahre anstrebten. Über einen Innenhof ist das Museum mit dem städtischen Zentrum für zeitgenössische Kultur verbunden, dessen Bau die gotische Casa de la Caritat, ein ehemaliges Waisenhaus, und einen Innenhof des 18. Jahrhunderts integriert. Barcelona besitzt so ein umfängliches Areal für die lokale und internationale zeitgenössische Kunstproduktion von avantgardistischen bis zu alternativen Strömungen.

MUSEU D'ART CONTEMPORANI DE BARCELONA

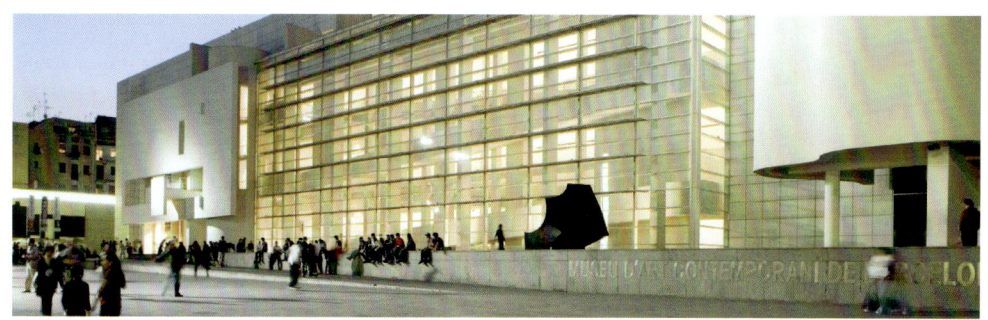

In hartem Kontrast zur Umgebung erhebt sich das MACBA im ehemals heruntergekommenen Viertel El Raval. Weiß und geometrisch linear wie der Außenbau (links) gibt sich auch das Innere (großes Bild). Neben Sonderausstellungen werden mehr als 3000 Werke im Besitz des Museums in Wechselausstellungen präsentiert. Der Schwerpunkt liegt auf der modernen Kunst vom Zweiten Weltkrieg bis heute (Bilder unten).

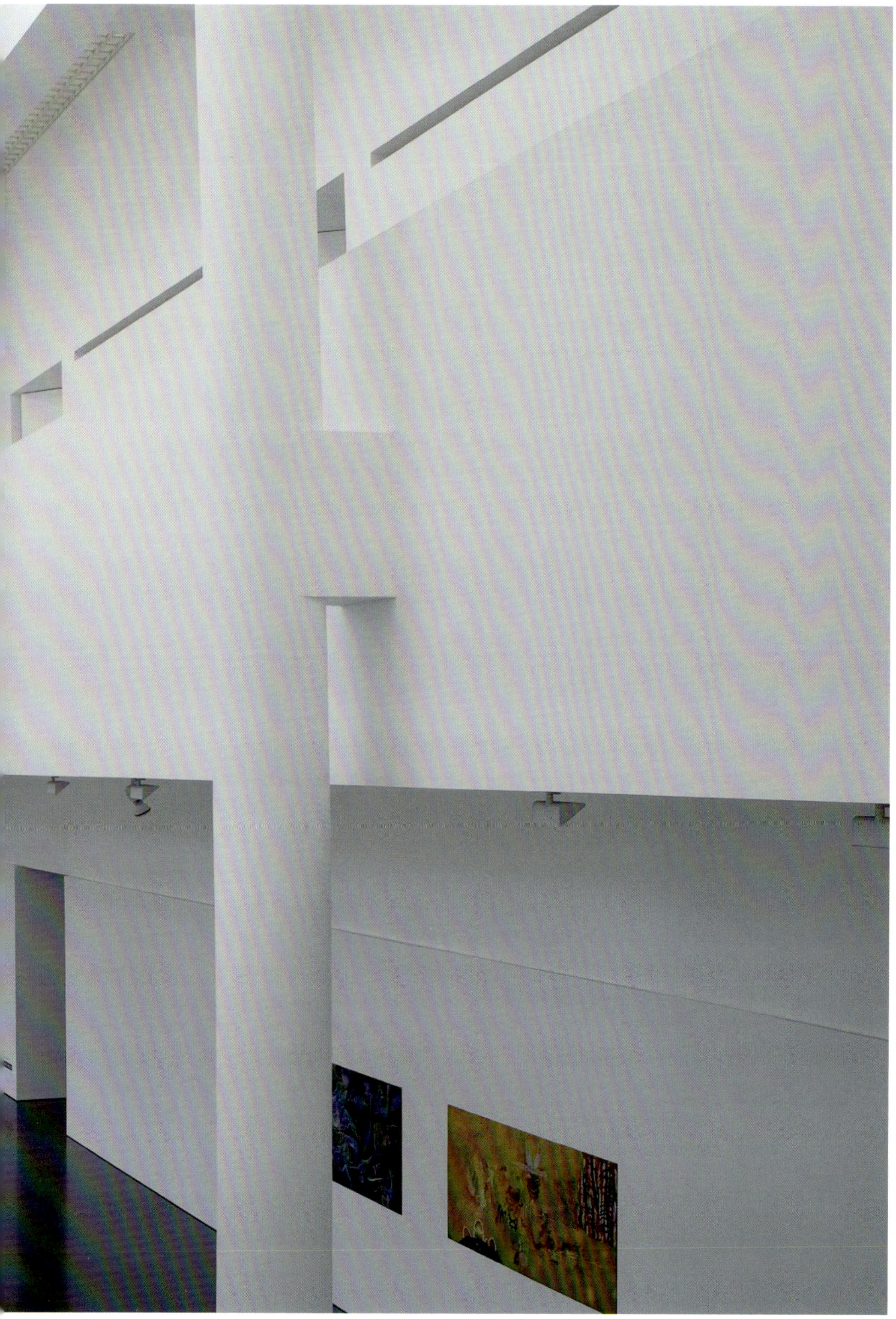

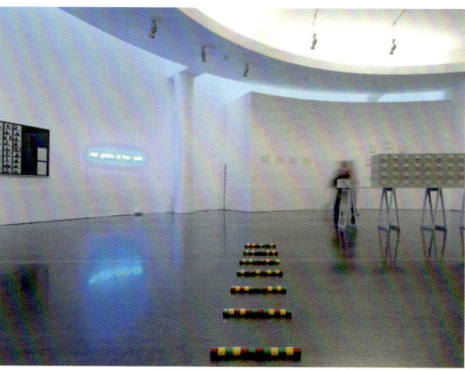

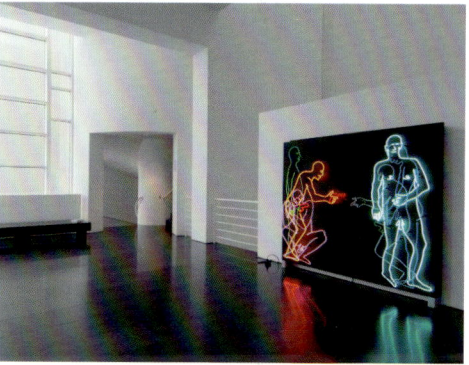

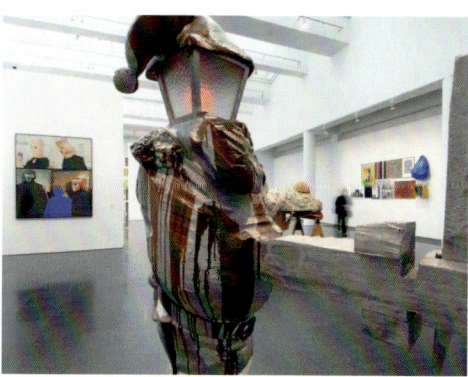

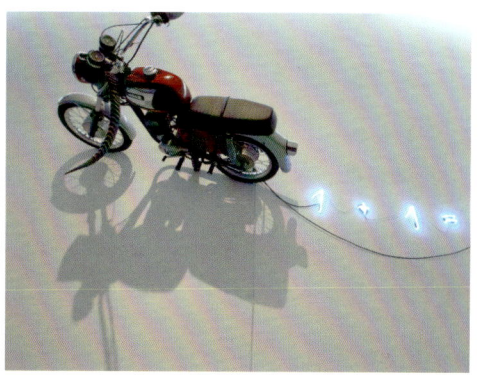

LA FURA DELS BAUS

Die Erwartung eines ruhigen Abends wird bei einer Vorstellung von La Fura dels Baus (»Frettchen der Abgründe«) mit Sicherheit enttäuscht. Die in Barcelona im Mercat de les Flors oder an unkonventionellen Spielorten auftretende Theatergruppe hält ihre Zuschauer auf Trab: Vor rollenden Fässern muss die Flucht ergriffen werden, lebensnah wirkende Terroristen halten die Zuschauer mit entsicherten Kalaschnikows in Schach, während heftige Musik die Ohren betäubt. »La Fura dels Baus« machen Aktionstheater, unter Einsatz ihres Körpers und der Nerven des Publikums. Hier soll nicht vom sicheren Sessel aus betrachtet, sondern hautnah erlebt werden. Interaktionen mit dem Publikum werden Teil der Inszenierung, die mit Musik, Akrobatik, Videoinstallationen und verschiedensten Objekten aus der Alltagswelt eine eigene kompromisslose Sprache gefunden hat. 1979 fanden sich die aus dem Straßentheater-Milieu stammenden Schauspieler in Barcelona zusammen. Erste Theaterstücke wie »Suz/o/Suz« (1985) oder »Tier/Mon« (1988), die sich einer faszinierenden Bildsprache bediente, verhalfen der Gruppe zu internationalem Erfolg. 1992 wurde sie mit der Eröffnung der Olympischen Spiele betraut. Weitere Produktionen brachten der Theatercrew Preise ein und Tourneen rund um die Welt.

LA FURA DELS BAUS

2010 trat die Gruppe mit ihrem furiosen Stück »Global Rheingold« in Duisburg auf. Eine neun Meter hohe Figur wurde dabei durch die Menge geschoben (unten), Trapezkünstler und Sänger agierten auf schwebenden Plattformen (links). 1992 eröffnete die Gruppe die Olympischen Spiele in Barcelona mit »Mediterráneo – Mar Olímpico« (ganz links). Großes Bild: akrobatische Performance bei einem Auftritt in Madrid 2008.

ANTIC HOSPITAL DE LA SANTA CREU

Schon im 12. Jahrhundert befand sich hier ein Pilgerhospiz. 1401 wandelte man diese Anlage in ein allgemeines Krankenhaus mit vielen medizinischen Einrichtungen um. Wenig später hatte es bereits den Ruf, eines der besten Spitäler im ganzen Abendland zu sein. Auch ein Waisenhaus und eine Irrenanstalt gehörten dazu. Die heutigen Gebäude wurden ab 1417 im Stil der katalanischen Gotik errichtet und im 16. und 17. Jahrhundert durch Anbauten ergänzt. Besonders eindrucksvoll sind der alte Kreuzgang und die Innenhöfe. Noch bis 1930 war der Komplex als städtisches Krankenhaus in Betrieb. Hier starb auch Antoni Gaudí 1926 an den Folgen eines Straßenbahnunfalls. Heute ist der Hauptteil der Gebäude mit den gotischen Sälen Sitz der Katalanischen Nationalbibliothek und des Institut d'Estudis Catalans. Die alte Krankenhauskapelle wird heute als Ausstellungsraum genutzt.

In einem der alten Krankenhaussäle des Antic Hospital de la Santa Creu (links: Außenaufnahme) mit seinen schönen Gewölben ist mittlerweile die Katalogabteilung der Katalanischen Nationalbibliothek eingezogen (großes Bild). Unter den Gurtbögen und dem alten Dachstuhl sind die Handbibliothek und die Leseplätze der Bibliotheksbenutzer untergebracht. Unten links: Blick in die Kreuzganggalerie.

LA BOQUERIA

Erste Berichte von Verkaufsständen an der Stelle des heutigen Boqueria-Markts findet man in Aufzeichnungen aus dem 13. Jahrhundert. Die mit Glasmosaik reich verzierte, geschwungene Eisenkonstruktion der Halle – ein typisches Beispiel des Modernisme – wurde im Jahr 1914 errichtet, als sich der Markt bereits etabliert hatte. Heute gleicht ein Einkauf in der Boqueria einem Eintauchen in ein von Köstlichkeiten überquellendes Füllhorn. Zwischen kunstvoll aufgebauten Pyramiden aus Früchten und Gemüse, baumelnden Knoblauchzöpfen sowie duftenden Thymian-, Minze- und Rosmarinsträußen kann man Schafskäse aus Katalonien und eine Vielzahl unterschiedlichen Gebäcks probieren. Zwischen den Marktständen flanieren, ein Schwätzchen halten oder in einer der kleinen Tapasbuden einkehren gehört für die Bewohner Barcelonas zu einem Marktbesuch unbedingt dazu.

Schauen, kaufen und sich dabei mit den Marktfrauen unterhalten – ein Besuch der Boqueria ist ein echtes Erlebnis. Vielerlei Arten von Gemüse, Früchten, Fleisch und Fisch warten darauf, erworben zu werden, um in den Küchen von Hausfrauen oder Sterneköchen zubereitet zu werden. Ganz links: Der berühmte Eingang zur Markthalle wurde von Antoni de Falguera i Sivilla im Stil des Modernisme entworfen.

MÄRKTE IN BARCELONA

Barcelonas Märkte sind ob ihrer überbordenden Fülle berühmt. Der bekannteste ist sicher der Mercat de Sant Josep oder Mercat de la Boqueria an den Rambles. Die angebotenen Lebensmittel bestechen durch Frische und Qualität, haben aber auch ihren Preis. Den Mercat de Sant Antoni zeichnet eine besonders schöne Jugendstilhalle aus, die sonntagvormittags auch als Bücherflohmarkt Verwendung findet. Mit dem Mercat de Santa Caterina in der Altstadt besitzt Barcelona aber auch eine viel beachtete moderne Marktarchitektur, die 2004 von den Architekten Enric Miralles und Benedetta Tagliabue entworfen wurde. Auffallend ist das geschwungene Dach aus sechseckigen Fliesen, die zu Früchten und Gemüse arrangiert sind. Der schönste Blumenmarkt der Stadt hat seine Stände auf den Rambles aufgebaut, ebenso der Vogelmarkt, doch finden sich auch gut sortierte Blumenstände im Mercat de la Concepció. Für Antiquitäten und Trödel ist der Mercat Gòtic donnerstags im Sommer vor der Kathedrale La Seu der richtige Ort. Allerlei Brauchbares findet man auf dem größten Flohmarkt in Els Encants Nous. Aber auch manche Plätze werden zeitweilig in Märkte verwandelt, so die Plaça Reial am Sonntagvormittag. Bioprodukte und Gebrauchtwaren werden auf der Plaça del Pi und der Plaça de Sant Josep Oriol angeboten.

MÄRKTE IN BARCELONA

Auf den Wochenmärkten Barcelonas werden Augen und Nase nach allen Regeln der Kunst verführt (Bilder unten). Am Wochenende kann man dagegen in alten Büchern stöbern, wie hier im Mercat de Sant Antoni (links), oder auf dem Markt auf der Plaça del Pi selbst gemachte Marmeladen, Käse und Kunsthandwerk erwerben (ganz links). Auch rund um die Kathedrale findet ein Trödelmarkt statt (großes Bild).

GRAN TEATRE DEL LICEU

Im Jahr 1994 bereits zum zweiten Mal abgebrannt, erstrahlt das Opernhaus heute wieder in alter Pracht und Herrlichkeit, aber mit modernster Technik. Ursprünglich wurde es auf Betreiben von Offizieren errichtet und über Spenden und Platzkäufe finanziert. Schon seit der Eröffnung im Jahr 1847 besitzt die Bühne des Liceu einen hervorragenden Ruf. Sänger wie Montserrat Caballé und José Carreras machten hier ihre ersten Schritte in Richtung Weltruhm. Außerdem ist das Liceu das größte Opernhaus Spaniens und eines der größten in Europa. Der vom Feuer verschonte berühmte Spiegelsaal und die Marmortreppe in ihrer neobarocken Fülle erinnern auch heute noch an die Erbauungszeit im Historismus. Den Bühnenvorhang ziert nun jedoch ein Werk von Antoni Miró. Auch die Gestaltung der Decke durch den katalanischen Künstler Perejaume zollt der Moderne Tribut.

Mit seiner prachtvollen Architektur bildet das Gran Teatre del Liceu den richtigen Rahmen für große Opern- und Theateraufführungen. Hier ein Blick auf die Bühne während der Oper »Die Hochzeit des Figaro« von Mozart im Jahr 2009 (großes Bild). Historismus und Moderne sind in den Räumen harmonisch kombiniert. Ganz links: der neobarocke Spiegelsaal. Links: über den Rängen die Deckengestaltung von Perejaume.

MODE UND DESIGN

Mode aus Barcelona hat sich die internationalen Märkte genauso erobert wie Design aus Barcelona. Zum Beispiel hat die umsatzstarke, auf allen Kontinenten vertretene Modekette Mango ihren Hauptsitz in Palau-solità i Plegamans (Barcelona). Modernste Technik und Logistik werden hier mit einem guten Gespür für tragbare Mode verknüpft, die werbewirksam von Penélope Cruz oder Scarlett Johansson präsentiert wird und sich sogar individuellen kulturellen Bedürfnissen anpasst. So gibt es zum Beispiel eine eigene Kollektion für islamische Länder. Das Label Custo Barcelona, gegründet in den 1980er-Jahren durch die Brüder Dalmau und seit 1996 in eigenen Shops präsentiert, wurde mit seinen T-Shirts bekannt, umfasst heute aber komplette Damen- und Herrenkollektionen. Nicht nur die ungewöhnlichen Farben und Muster, sondern vor allem auch die Auftritte in »Sex and the City« haben der Marke zu internationalem Durchbruch verholfen. In Barcelona gibt es gleich mehrere Shops von Custo. Chic und eleganter ist dagegen die Mode des Topdesigners Antonio Miró. Den allerletzten Schrei aus der katalanischen Kapitale repräsentiert aber das Label Desigual. Mit flippiger Mode in wild gemixten Mustern und Stoffen macht der seit 1984 in Barcelona tätige Designer Thomas Meyer immer mehr auf sich aufmerksam.

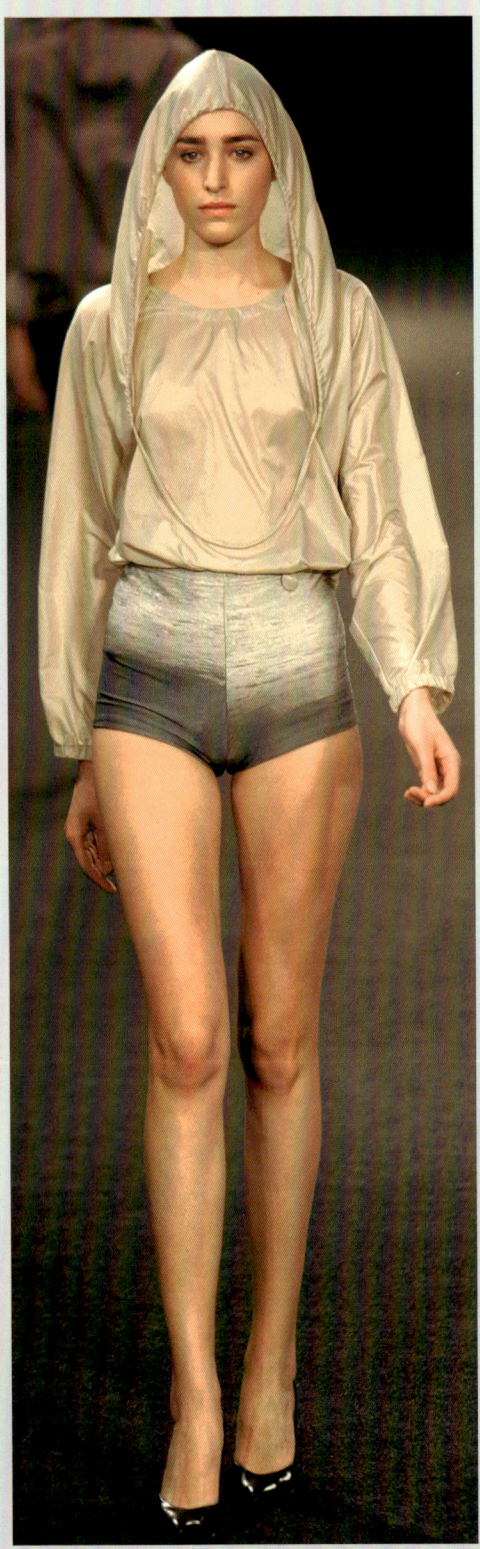

Sportlich, elegant, flippig oder sexy – Barcelonas Modeschöpfer ziehen alle Register, ob Custo (unten rechts, 1. und 3. Modell) oder Antonio Miró (2. Modell unten rechts, links 2. und 3. Modell). Ein Outfit von »Pelican Avenue« wird bei der Barcelona Fashion Week vorgeführt (1. Modell unten links). Ganz links: Flaminia Guarnieri-Vives entwirft ein Mango-Kleid, zur Fertigung wird moderne Technik eingesetzt (links).

PALAU GÜELL

Auf einem nur 400 Quadratmeter großen Grundstück errichtete Antoni Gaudí diesen Palast (1886 bis 1889) für seinen Gönner, den Industriebaron Eusebi Güell i Bacigalupi, den er 1878 kennengelernt hatte. Gaudí erweist sich schon in diesem Frühwerk als fantasievoller Überwinder des Historismus, dem damals in ganz Europa vorherrschenden Rückgriff auf historische Stile. Anregungen aus der Natur und der maurischen Kunst in Spanien inspirierten ihn dabei. Gaudí versah den etwas blockhaften, eher abweisenden Bau mit bizarren Schornsteinaufsätzen und schmückte diese mit bunten Kachelfragmenten. Unten verschließen fantastische Gitter die Eingangstore und Fenster. Über eine prunkvolle Marmortreppe erreicht man den mit hohen Decken versehenen Salon. Doch nicht nur die Raumgestaltung, sondern zum Teil auch das Mobiliar geht auf Gaudís Ideen zurück.

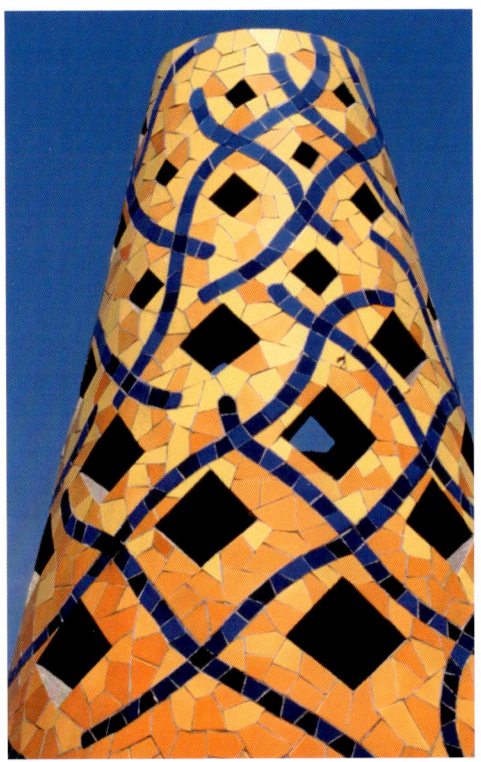

Pilzförmige Stützen aus Backstein tragen die Gewölbe der Pferdeställe im Untergeschoss, die über eine Rampe leicht zu erreichen waren (großes Bild). Fantasievolle, mit farbenprächtigen Kacheln geschmückte Schornsteine zieren das Dach (Bilder unten links). Der Blick ins elegante Innere des Palasts zeigt aber auch Gaudís Rücksichtnahme auf das Repräsentationsbedürfnis des Hausherrn (Bilder links).

BARCELONAS FESTE MIT RIESEN UND ZWERGEN

Barcelona ist reich an traditionellen Festen. An den Prozessionen, Umzügen und Feuerwerken teilzunehmen ist ein Erlebnis. Bei der Festa de la Mercè an den Tagen um den 24. September wird Nostra Senyora de la Mercè, die Gottesmutter Maria, als Schutzpatronin Barcelonas gefeiert – ein Fest, das die ganze Stadt erfasst. Dabei werden Riesen (»gegants«), Großköpfe (»capgrosses«) und Zwerge (»nans«) durch die Straßen getragen und tanzen

den »ball dels gegants«, begleitet von Musikkapellen, Tänzern und Reitern. Einige Meter hohe Menschentürme (»castells«) lassen einem den Atem stocken. Pyrotechnische Schaustücke wie Feuer speiende Drachen, Dämonen und Lauffeuer (»correfoc«) bedrängen die Zuschauer mit Flammen und Höllenlärm, bis der heilige Georg dem Treiben ein Ende bereitet. Johannisfeuer und Feuerwerke machen die Revetlla de Sant Joan, die lan-

ge Nacht vom 23. zum 24. Juni, zum Tag. Beschaulicher sind dagegen die Fira de Santa Llúcia am 13. Dezember, der Umzug der Heiligen Drei Könige am 5. Januar oder die Karfreitagsprozession in El Raval. Am 23. April, dem Tag des heiligen Georg, wird in Barcelona der Tag des Buches gefeiert, an dem sich die Rambles in einen Büchermarkt verwandeln. Eine Rose und ein Buch sind die bevorzugten Geschenke dieses Tages.

BARCELONAS FESTE MIT RIESEN UND ZWERGEN

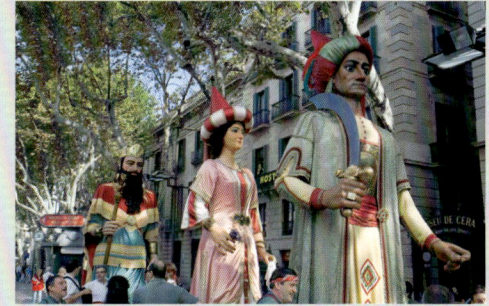

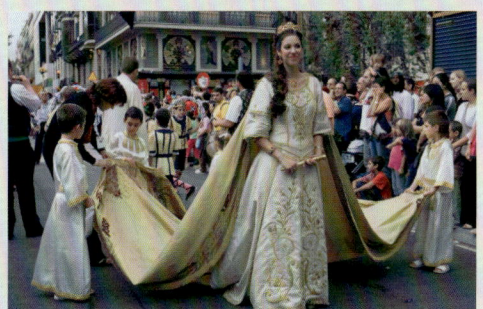

Am 24. September treibt Barcelonas größtes Stadtfest – die Festa de la Mercè – Alt und Jung auf die Straße (links). Die aus Pappmaschee hergestellten »gegants« in ihren farbigen Gewändern bewegen sich dabei tanzend durch die Menge (ganz links). Drachen und »demonis«, Teufelchen und Ungeheuer, mit Feuerwerk und Trommeln ausgerüstet, sorgen für ein wildes Spektakel (großes Bild und Bilder unten).

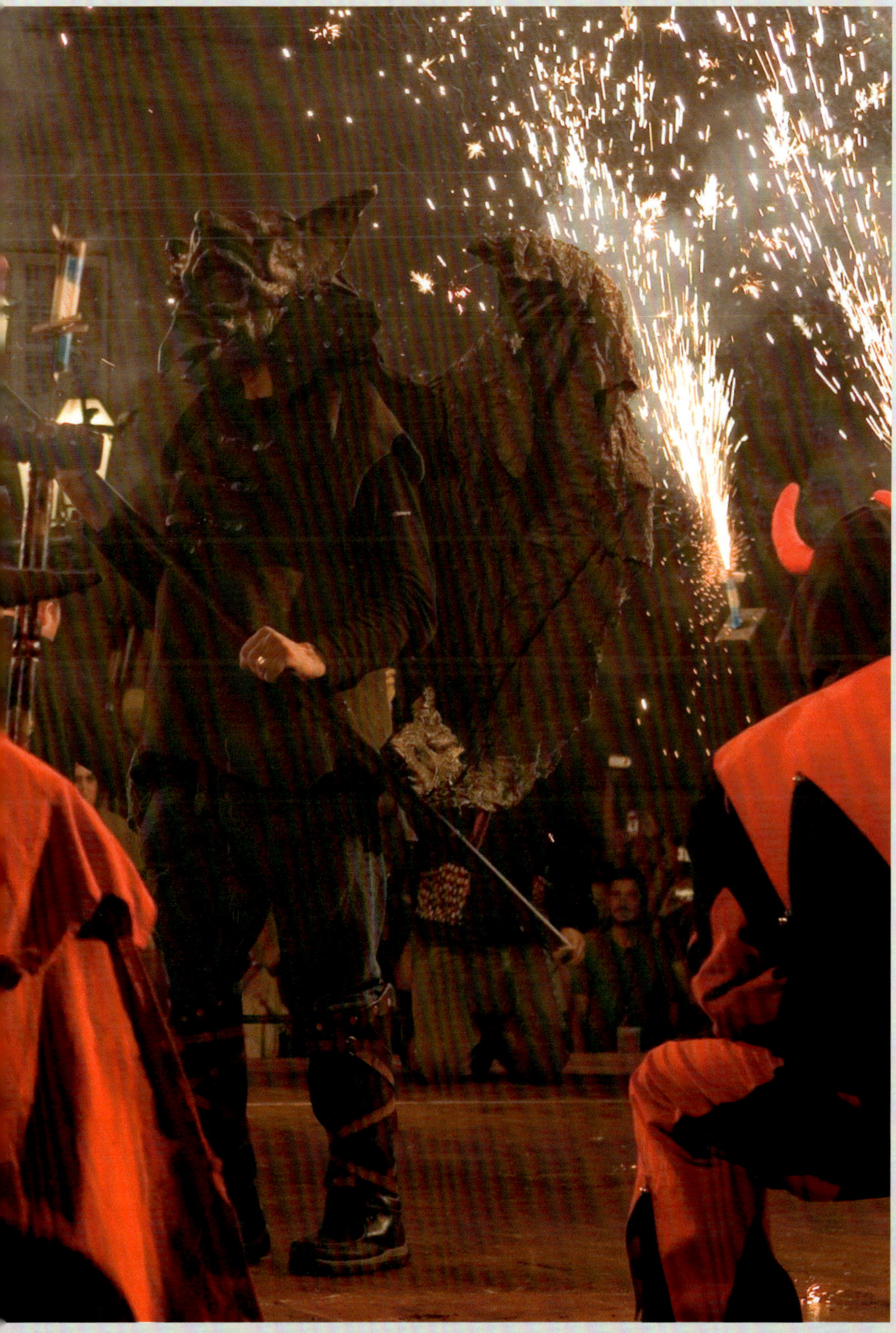

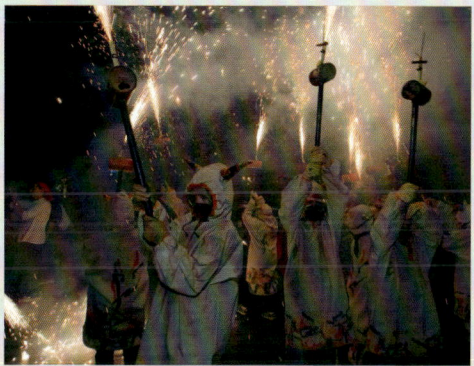

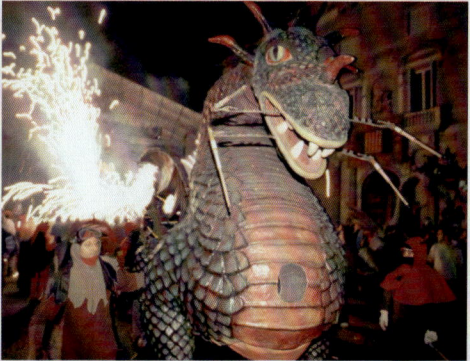

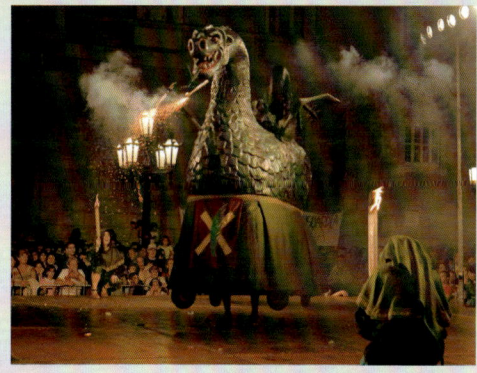

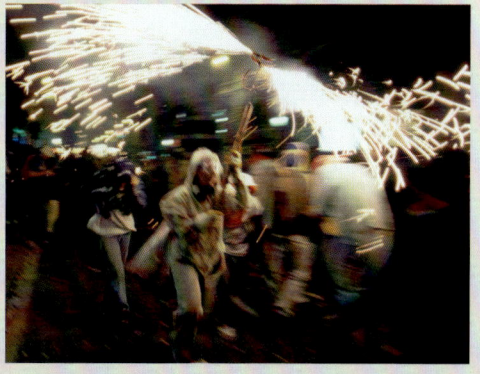

CASTELLERS DE BARCELONA

Die sich farbenfroh zu mehreren Stockwerken auf-bauenden Menschenpyramiden – auf Katalanisch »castells« (Burgen) genannt – bilden den atem-beraubenden Höhepunkt der Patronatsfeste in den Dörfern und Städten Kataloniens. Bei der Festa de la Mercè Ende September treten in Barcelona gleich mehrere Vereine (»colles«) in Aktion. Wech-selseitig feuert man sich dabei zu immer kompli-zierteren und höheren Türmen an. »Força, Equili-bri, Valor i Seny« – »Kraft, Gleichgewicht, Mut und Geist« –, so lautet das Motto der »castellers«. Auf dem als »pinya« (Zapfen) bezeichneten untersten Ring, bestehend aus den stärksten Männern der Gruppe, wird der »tronc« (Stamm) aus leichteren Mitgliedern gebildet, die den unten stehenden auf die Schultern steigen. Mehrere »Stockwerke« kön-nen so übereinander aufbauen, die oben in der »pom de dalt« – der Kuppel – münden. Die Wurzeln der »castells« finden sich in den Volkstänzen des 18. Jahrhunderts, zu deren Abschluss man sich ge-genseitig auf den Schultern trug. Diese Figur ver-selbständigte sich mit der Zeit zu einer unabhängi-gen Aufführung. Geblieben ist die Musik, bestehend aus der »gralla«, einer kleinen Schnabelflöte, und Trommeln, die bei der Performance gespielt wer-den. Heute gibt es 60 eingetragene Vereine in Kata-lonien, die diese Tradition mit Stolz weiterführen.

Beim Aufbau eines »castell« ist Gemeinschafts-
geist gefordert. Jeder, ob klein oder groß, stark
oder leicht, hat seinen festen Platz im Gefüge der
Menschenpyramide. Die »castells« sind heute zu
einem Symbol der Einheit Kataloniens geworden. Eine standfeste Basis, die »pinya« sichert
die Pyramide von unten (ganz links und großes
Bild), erst dann steigen die »castellers« weiter
hinauf (links), bis die Kuppel gebildet ist (unten).

MUSEU MARÍTIM UND DRASSANES

Die alten gotischen Drassanes Reials, die heute das Schifffahrtsmuseum beherbergen, gelten als die besterhaltene mittelalterliche Werftanlage weltweit. Hier in diesen Trockendocks wurden bis zum 18. Jahrhundert die katalanischen Kriegs- und Handelsschiffe gezimmert und instand gehalten. Die ab dem 13. Jahrhundert errichteten Hallen weisen eine Höhe bis zu 13 Metern auf und bestechen durch ihre Weiträumigkeit. An die 30 Schiffe konnten hier gleichzeitig gebaut werden. Heute befindet sich in den Hallen ein hochinteressantes Museum mit allen möglichen Schiffstypen, alten Seekarten, Instrumenten für die Seefahrt, Dioramen, Gemälden und einer bedeutenden Sammlung von Galionsfiguren. Die weltweite Seefahrt und die lokale Geschichte und Bedeutung Barcelonas werden dem Besucher mit vielen Exponaten auf recht anschauliche Art und Weise nahegebracht.

In den im gotischen Stil errichteten Werfthallen, den Drassanes (ganz links), geben Originale und Schiffsmodelle aus unterschiedlichen Epochen Einblicke in die Historie des Schiffbaus und der Seefahrt im Mittelmeerraum (links). Anlässlich des 400. Jahrestags der Seeschlacht von Lepanto 1571 wurde das Flaggschiff Don Juan de Austrias, die »La Real«, originalgetreu rekonstruiert und ausgestellt (großes Bild).

PLAÇA DEL PORTAL DE LA PAU UND MONUMENT A COLOM

Die Plaça del Portal de la Pau (Platz des Friedenstors) unmittelbar vor dem alten Hafen besteht aus einem Rondell mit Kreisverkehr, in dessen Mitte die Kolumbussäule emporragt. Das Monument wurde anlässlich der Weltausstellung 1888 in Barcelona von Gaietà Buïgas i Monravà konzipiert und zeigt den überlebensgroßen Christoph Kolumbus, dessen ausgestreckter rechter Arm Richtung Indien aufs offene Meer deutet – das eigentliche Ziel sei-

ner Reise. Die Bronzefigur, gestaltet von Rafael Arché, steht auf einer 60 Meter hohen Eisensäule im korinthischen Stil, in deren steinernen Sockel bronzene Reliefs eingearbeitet sind, die wichtige Stationen der Entdeckung der Neuen Welt darstellen. Der Aufzug in der Säule befördert die Besucher auf eine Aussichtsplattform am Fuß der Statue, von wo aus einem die Stadt zu Füßen zu liegen scheint. Das beliebteste Fotomotiv ist der Ritt auf dem Löwen.

PLAÇA DEL PORTAL DE LA PAU UND MONUMENT A COLOM

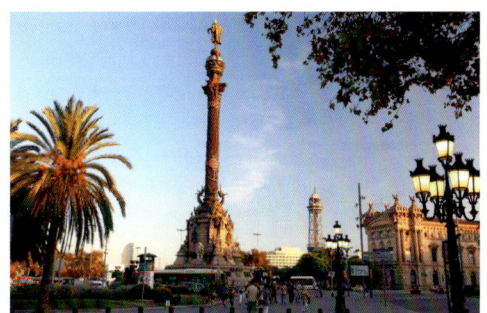

Eines der unvergesslichen Wahrzeichen Barcelonas ist die Kolumbussäule auf der Plaça del Portal de la Pau (links), die zum Gedenken an den großen Seefahrer errichtet wurde. Am Schnittpunkt von Rambles, altem Hafen und Rambla del Mar herrscht fortwährend reger Betrieb (großes Bild). Von der Plattform auf der Säule aus kann der Blick ungehindert über die Stadt und den Hafen hinaus aufs Meer schweifen.

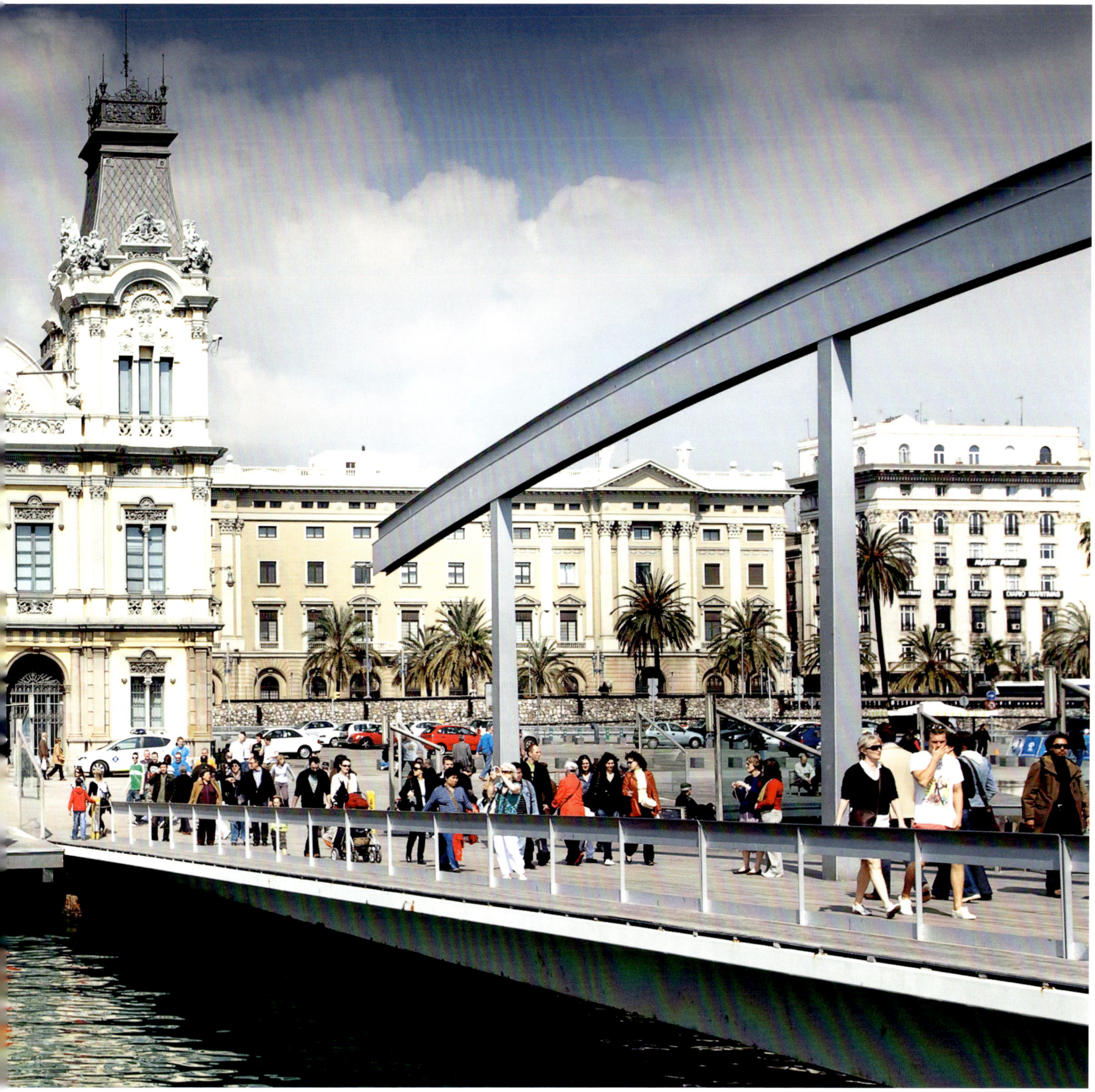

CHRISTOPH KOLUMBUS

Der bedeutende Seefahrer und Entdecker großer Teile der Neuen Welt wurde vermutlich um 1451 in Genua als Sohn eines Webers geboren. Als Korsar im Auftrag der französischen Krone erwarb Kolumbus bereits früh Erfahrungen in der Seefahrt sowie detaillierte Kenntnisse der Mathematik und der Kartografie, die in ihm ab 1480 die Idee reifen ließen, den für den internationalen Handel so begehrten Seeweg nach Indien zu finden. Auf der Suche nach Sponsoren für seine Pläne wandte sich Kolumbus zunächst an den portugiesischen König Johann II., der ihn jedoch abwies. Erst gegen Ende der Reconquista in Spanien konnte Kolumbus das spanische Königspaar Isabella I. von Kastilien und König Ferdinand II. von Aragón von der Durchführbarkeit seiner Pläne überzeugen. Am 3. August 1492 brach Kolumbus mit den drei Karavellen »Santa Maria«, »Pinta« und »Niña« in Richtung Westen ins Unbekannte auf. Auf seinen insgesamt vier Fahrten landete er an den Küsten der Bahamas, Kubas, Haitis und schließlich auf dem südamerikanischen Festland. Doch als sein Rivale Vasco da Gama 1499 mit der Umsegelung Afrikas schließlich den Seeweg nach Indien entdeckte, war Kolumbus' Ruf dahin. Nach seiner letzten Fahrt starb der Pionier der Seefahrt im Alter von etwa 55 Jahren allein und von der Welt vergessen in Valladolid.

Zu Ehren des »Admirals der Weltmeere« wurde anlässlich der Weltausstellung im Jahr 1888 die Kolumbussäule vor dem Hafen von Barcelona errichtet. Der Blick des Seefahrers sowie sein ausgestreckter Arm zeigen nach Westen, in Richtung Amerika (großes Bild). Christoph Kolumbus war des Öfteren Gegenstand der Malerei; links: Porträt des Seefahrers aus dem 19. Jahrhundert.

LA RIBERA UND LA BARCELONETA

In dem einst außerhalb der Stadtmauern und zum Meer hin gelegenen Gebiet treffen Altstadtflair und mondänes Barcelona, enge mittelalterliche Gassen und großzügige Hafenpromenaden, gotische Kirchen und avantgardistische Bürotürme, schicke Designerläden und traditionelle Kunsthandwerkstätten aufeinander. Der Carrer de Montcada mit seinen gotischen Palästen und dem Picasso-Museum ist eines der Highlights dieses Viertels. Das Gebiet rund um den alten Hafen wurde im Zuge der Olympischen Spiele 1992 zu einem modernen Freizeit- und Einkaufsareal umgestaltet.

Mittelalterliche Gassen und malerische Plätze
prägen das alte Stadtviertel La Ribera, in dem
in jüngerer Zeit eine Reihe von extravaganten
Läden und kleinen Bars aufgemacht haben. Am
Abend kann man in den Cafés auf der Plaça de
Santa Maria sitzen und dem Treiben zuschauen.

PORT VELL

An dem zum Meer führenden unteren Ende der Rambles liegt der alte Hafen. Einst ein quirliges Seefahrtszentrum, dem die Stadt ihre Größe und ihre wirtschaftliche Stellung verdankte, verlor er nach einer wechselvollen Geschichte im Laufe des 20. Jahrhunderts zunehmend an Bedeutung. Die Anlagen verfielen, ein neuer Hafen wurde gebaut, und die noch vorhandenen Betriebe und Unternehmen wurden umgesiedelt. Nun befindet sich der moderne Industrie- und Handelshafen entlang des Küstenstreifens am Fuße des Montjuïc. Aufgrund seines Umschlagvolumens gilt er als der bedeutendste Spaniens. Der alte Hafen wurde nach einer Generalsanierung in ein Freizeitareal umfunktioniert und erstrahlt so in neuem Glanz. Jachten liegen hier, an Land reihen sich Bars und Restaurants aneinander. Am Südende des alten Hafens legen heute noch die Schiffe zu den Balearen ab.

Barcelona breitet sich weit ins Land und entlang des Meeres aus. Von der Kolumbussäule bis zur Torre Jaume I, einem der Stützpfeiler der Hafenseilbahn, bietet sich ein fantastischer Blick über breite Boulevards, Paläste, das Häusermeer der Stadt und den alten Hafen. Wo sich früher die Fischerboote mit ihren Netzen tummelten, liegen heute edle Jachten und Freizeitboote vor Anker (großes Bild und Bild links).

RAMBLA DEL MAR UND MAREMAGNUM

Die 1992 zu den Olympischen Spielen errichtete Rambla del Mar sollte ursprünglich nur als Verlängerung der Rambles bis hinaus in den Jachthafen und zum Vergnügungskomplex Maremagnum dienen. Doch inzwischen ist sie an Beliebtheit den Rambles fast ebenbürtig, und dies, obwohl die neue Flaniermeile in perfektem Understatement als gewöhnlicher Holzsteg daherkommt. Doch ihre imposante wellenförmige Bauweise sowie der herrliche Blick über den Hafen, den Montjuïc und die Altstadt haben die Rambla del Mar zum Magneten für Besucher aus aller Welt gemacht. Die Architekten der postmodernen Wippbrücke, die für die Einfahrt größerer Schiffe geöffnet wird, sind die Katalanen Helio Piñón und Albert Viaplana, die das Antlitz des modernen Barcelona geprägt haben. Sie planten auch das ultramoderne Maremagnum mit Restaurants, Läden und Kinos.

Zusammen mit der Rambla del Mar (großes Bild) bildet das postmoderne Shopping- und Vergnügungscenter Maremagnum (links) mit seinen angesagten Boutiquen, Cafés und Kinos ein elegantes Ensemble. Am Abend kann man auf dem breiten Holzsteg sitzen und über den erleuchteten Hafen auf das glitzernde Barcelona schauen oder in einem der schicken Restaurants moderne katalanische Küche genießen.

L'AQUÀRIUM

Unmittelbar neben der modernen Shoppingmeile Maremágnum befindet sich das Aquarium, das für viele Besucher einen Anziehungspunkt im bunten Treiben Barcelonas darstellt. Hier kann man zum Beispiel im Ozeanarium in einem 80 Meter langen gläsernen Tunnel mit Laufband in die dunkle Unterwasserwelt eintauchen und das Leben im Meer aus nächster Nähe bestaunen. In 35 Tanks mit zusammen sechs Millionen Liter Wasser tummeln sich Fische und Seegetier; hier wachsen Pflanzen, die typisch für das Mittelmeer, aber auch für tropische Meere sind. Mächtige Korallenstöcke schaffen ein Meeresszenario, in dem rund 11 000 Tiere, die etwa 450 verschiedenen Arten angehören, beheimatet sind. Besonders aufregend sind die eleganten Schwimmzüge der Haie und Rochen, die im Wasser zu schweben scheinen. Im Aquarium kann man alles Wissenswerte über sie erfahren.

Ein Besuch des gläsernen Tunnels im Aquarium vermittelt das Gefühl, in der unendlichen Weite des Meeres spazieren zu gehen. Vor allem im Ozeanarium kommt man aus dem Staunen nicht mehr heraus. Haie, Rochen und Schwärme von Fischen in allen Farben ziehen direkt vor den Augen der Betrachter vorüber. Wie gut, dass zwischen den Bewohnern der Meere und den Menschen eine stabile Glaswand liegt.

LA BARCELONETA MIT PALAU DE MAR

Die ehemalige Fischersiedlung Barceloneta auf einer der Altstadt vorgelagerten Landzunge entstand im Jahr 1753. Kastilien hatte den Erbfolgekrieg für sich entschieden und Barcelona erobert. Zur Bewachung der Stadt wurde die Zitadelle errichtet, mit deren Bau die damaligen Bewohner ihre Bleibe verloren und in kleine, eingeschossige Häuser in Meernähe umgesiedelt wurden. Noch bis Anfang der 1990er-Jahre war Barceloneta eines der au-

thentischen Fischer- und Arbeiterviertel, bevor es im Zuge der Vorbereitung der Olympischen Spiele von 1992 eine moderne Umgestaltung erfuhr. Am Anfang der Molí de Barceloneta liegt der Palau de Mar mit den vorgelagerten Kais. Das alte Speicherhaus mit seinen Arkaden – ein typisches Gebäude der Hafenarchitektur des 19. Jahrhunderts – wurde zwischen 1880 und 1890 errichtet und ist heute Sitz des Museu d'Història de Catalunya.

Bis heute ist in Barceloneta das besondere Flair des ehemaligen Fischerviertels zu spüren: Schmale Gassen, von den Balkonen tropfende Wäsche und gemütliche kleine Läden und Bars prägen diesen dem Meer zugewandten Stadtteil (Bilder unten). Unter den Bogengängen des Palau de Mar bieten edle Restaurants ihre Spezialitäten an. Hier kann man, mit Blick auf die schaukelnden Boote im Hafen, den Abend genießen (links).

FRISCH AUS DEM MEER

Von Jahr zu Jahr verwandelt sich Barcelona immer mehr in ein Mekka der Gourmets. Dabei hatte der Restaurantführer »Guide des Gourmands« die Stadt bereits 2002 zur europäischen Hauptstadt des guten Essens ernannt. Und tatsächlich inspiriert die Lage am Mittelmeer sowie die Nähe zu Frankreich die jungen kreativen Köche zu Höchstleistungen. Inzwischen gehört die katalanische Küche zu den besten in Spanien, die sich nicht einmal vor der weltberühmten baskischen Küche verstecken muss. Die Frische der Zutaten ist entscheidend. Fangfrischer Fisch und Meeresfrüchte fehlen deshalb auf keiner Speisekarte, und »bacallà amb samfaina«, gebratener Stockfisch mit Ratatouille, gilt als das Leibgericht der Katalanen.

Gerne werden hier auch ungewöhnliche Kombinationen aus Fleisch, Fisch und Meeresfrüchten (»mar i muntanya«) serviert, wie beim Nationalgericht »pollastre amb llagosta« (Huhn mit Languste). Eine weitere Spezialität aus Katalonien ist die »fideuà«, eine Paella, die neben Meeresfrüchten und Fleisch nicht Reis, sondern Nudeln enthält. Auch »arròs negre«, ein typisches Fischgericht Kataloniens, steht des Öfteren auf der Speisekarte. Die schwarze Färbung des Reises wird duch die Tinte des Tintenfischs erreicht – trotz der seltsamen Farbe ein echtes Muss für Feinschmecker.

Egal, ob Muscheln in Weißweinsoße (unten links), Gambas (ganz links) oder Lachs in grüner Soße (links), wer Frisches aus dem Meer verspeisen will, sucht am besten im Stadtteil Barceloneta. Im Restaurant »Cinc Sentits« (»Fünf Sinne«) serviert Chefkoch Jordi Artal dunklen Reis mit Kalamari in Safranaioli (unten Mitte). Die Spezialität des Restaurants »Saüc« dagegen ist Rotbarbe mit Morcheln und Cappuccinosoße (unten).

PASSEIG MARÍTIM UND STRAND VON BARCELONETA

Der Strand von Barceloneta galt schon immer als gute Adresse für frischen Fisch und Meeresfrüchte. An Wochenenden traf sich hier Alt und Jung in Bars und einfachen kleinen Holzbuden zum unprätentiösen Tapasessen. Doch auch Barcelonetas Strand erhielt 1992 ein anderes Gesicht. Der Passeig Marítim, eine herrlich angelegte Strandpromenade mit Schatten spendenden Palmen, dient tagsüber als Flaniermeile für Spaziergänger, Skater und Radfahrer. Dahinter liegt der Sandstrand, der Sun & Fun inmitten der Großstadt verspricht. Auf der anderen Seite des Passeig Marítim tummelt sich heute Partyvolk in neu eröffneten Strandklubs, schicken Lounges und modernen Restaurants. Die unmittelbare Meerlage sorgt in Kombination mit stimmungsvoller House-Musik für Ibiza-Feeling. Großstädtischer gibt sich dagegen der Port Olímpic mit seinen eindrucksvollen Bauten und Skulpturen.

An Barcelonas Stränden werden einzelne Plastiken zu charakteristischen Orientierungspunkten (links und Bilder unten). Ein beliebtes Ziel am Strand von Barceloneta ist die Skulptur »L'estel ferit« (verwundeter Stern) der Künstlerin Rebecca Horn, die an die Strandbuden von früher erinnern soll (unten). Zu den besonderen Highlights von Barcelona gehört Strandfeeling inmitten der Großstadt (Bildleiste unten links).

EL BORN

In den ehemaligen Vorstädten, die erst im Laufe des 14. Jahrhunderts schützende Mauern bekamen, lebten früher Kaufleute, Fischer und Seeleute. Der Passeig del Born zwischen der Kirche Santa Maria del Mar und dem ehemaligen Stadtmarkt Mercat del Born diente im Mittelalter als Ort verschiedenster Festlichkeiten. Heute gehört der Passeig del Born mit seinen kleinen Seitengässchen zu den beliebtesten Flaniermeilen Barcelonas. Stilvolle Bars, Restaurants, Designerboutiquen und kleine Galerien locken die Menschen am Abend hierher. Buntes Leben entfaltet sich auch auf dem Platz vor der Kirche Santa María del Mar. Der Mercat del Born, eine von Josep Fontserè i Mestre entworfene offene Gusseisenkonstruktion aus dem Jahr 1876, dient heute als Ausstellungsraum für die baulichen Überreste der gotischen Altstadt, die bei den jüngsten Restaurierungsarbeiten freigelegt wurden.

Einen einmaligen Einblick in Picassos Werk verspricht das Picasso-Museum im Carrer de Montcada. Gleich fünf mittelalterliche Stadtpaläste beherbergen das Werk des großen Künstlers der Moderne (ganz links). Cafés laden den Flaneur zum Verweilen ein, sei es auf der stimmungsvollen Plaça de Santa Maria (großes Bild) oder vor dem Mercat del Born mit seiner fantastischen Gusseisenkonstruktion (links).

LA LLOTJA

Am Pla de Palau steht ein klassizistischer Palast, dessen Fassaden je nach Bedeutungsgrad der Straßen unterschiedlich aufwendig gestaltet wurden. Hinter den Fassaden versteckt die ehemalige Handelsbörse Casa Llotja de Mar den zweistöckigen Börsensaal aus dem Jahr 1380. Mit seiner Empore ist er eines der schönsten Beispiele weltlicher Gotik in Katalonien. Die Kassettendecke des dreischiffigen Saals wird von sechs Rundbögen auf vier Säulen getragen. Die Kapitelle zeigen die Embleme der Stadt und des Königs. Bis 1992 wurden hier die Börsengeschäfte ausgehandelt. Jetzt dient der Saal als Veranstaltungsort, denn das Gebäude ist Sitz der Industrie- und Handelskammer und der Reial Acadèmia Catalana de Belles Arts de Sant Jordi – der Königlichen Akademie der bildenden Künste. Das Museum in den oberen Etagen beherbergt eine Sammlung klassizistischer Skulpturen.

Ganz in Rot und Gold gehalten und mit altem Fliesenboden, Kronleuchtern und Skulpturen ausgestattet, vermittelt der ehemalige Börsensaal das herrschaftliche Flair vergangener Tage (links). Durch die Eingangshalle (großes Bild) der Casa Llotja de Mar schritten bereits Picasso und Miró, die in der hier ansässigen Kunstakademie Reial Acadèmia Catalana de Belles Arts ihre ersten Lehrjahre verbrachten.

SANTA MARÍA DEL MAR

Über einem alten Friedhof aus der Römerzeit, auf dem der Legende nach auch schon der Apostel Jakobus der Ältere gepredigt hatte, wurde zwischen 1329 und 1384 eine gotische Kirche errichtet, die mit ihren schlanken Proportionen, ihrer großzügigen Weiträumigkeit und einer beeindruckenden Lichtwirkung für viele als schönste Kirche der Stadt gilt. Am Bau dieser von den Bürgern der Stadt gestifteten Kirche waren alle Zünfte beteiligt. Baumeister der Kirche mit ihrer Doppelturmfassade war Berenguer de Montagut, dem auch die Kathedralen von Mallorca und Manresa zugeschrieben werden. Seine Formensprache gehört der eher herb-strengen katalanischen Gotik an. In den Jahren 1909 und 1936 wurde die Kirche Opfer von Brandstiftungen, sodass heute fast nichts mehr von der im Barock und in der Zeit des Klassizismus entstandenen Ausstattung erhalten ist.

Der Grundstein der Seefahrerkirche Santa Maria del Mar wurde 1338 im Gedenken an die Eroberung Sardiniens gelegt. Der Innenraum ist lichtdurchflutet und von eindrucksvoller Geräumigkeit (großes Bild). Schlank recken sich die Strebepfeiler zum Rippengewölbe empor (links). Unter den Buntglasfenstern der Kirche finden sich einige besondere Werke aus der Zeit zwischen dem 15. und dem 19. Jahrhundert (unten).

CARRER DE MONTCADA

Wer aus dem betriebsamen Barri Gótic in das Halbdunkel des Carrer de Montcada einbiegt, den empfängt eine wohltuende Kühle und Ruhe. Die enge, sehr gepflegte Gasse verbindet die romanische Markuskapelle – erkennbar an ihrem schönen Glockenturm – mit Barcelonas schönster Gotikkirche, der Santa Maria del Mar. Die Häuser dazwischen sind nach außen hin betont schlicht gehalten. Einzig die schmiedeeisernen Balkone und die großzügigen Patios mit dem üppigen Pflanzenschmuck verraten, dass es sich hier um mittelalterliche Paläste aus dem 13. bis 16. Jahrhundert handelt. Seine Blütezeit erlebte der Carrer de Montcada in der Renaissance, als der Seehandel immense Gewinne abwarf. 1947 wurde er dann zur Museumsmeile erklärt. Es entstanden das Museu Picasso, das Textilmuseum sowie das Barbier-Mueller-Museum für präkolumbianische Kunst.

Eine für Barcelona seltene Kostbarkeit besitzt der Palau Dalmases im Carrer de Montcada mit seiner verzierten Renaissancetreppe im Patio (großes Bild). Auf einen Café con leche trifft man sich im Innenhof des Palau dels Marquesos de Lliò (links). Er beherbergt das Textilmuseum, während der benachbarte Palau Nadal mit dem Museu Barbier-Mueller (unten links) der prä-kolumbianischen Kunst Amerikas gewidmet ist.

PABLO PICASSO

Pablo Ruiz Picasso (1881–1973), geboren in Málaga, verbrachte entscheidende Jahre seiner Jugend und Ausbildungszeit in Barcelona, wo sein Vater Zeichenlehrer an der Kunstakademie war. Auch der Sohn, dessen Talent schon früh aufgefallen war, studierte an dieser Schule. Nach intensiven Auseinandersetzungen mit traditionellen Kunstrichtungen und dem Impressionismus fand Picasso 1902 zu ersten eigenständigen Ausdrucksformen. Seine damalige Vorliebe für blaue Farbtöne und eher schwermütige Bildstimmungen hat dieser Phase die Bezeichnung »Blaue Periode« eingebracht. An der Fassade des Collegi d' Arquitectes nahe der Kathedrale schuf Picasso damals einen Betonfries mit Sardana-Tänzern. Im Jahr 1904 ging er nach Paris. Picassos Palette hellte sich auf. Die Farbe Rosa wurde nun zum vorherrschenden Ton. Wenige Jahre später schlug der Künstler mit den berühmten »Demoiselles d'Avignon« (1907) jedoch den Weg zum Kubismus ein, nach dem Ersten Weltkrieg näherte er sich dem Surrealismus an. Das weitere Schaffen lässt sich keinen Stilepochen mehr zuordnen. Die unterschiedlichsten Tendenzen mischten sich zu einem unverwechselbaren eigenständigen Werk, das neben Bildern auch Grafiken, Keramiken und Plastiken umfasst. Wie kein Zweiter prägte Picasso die Kunst des 20. Jahrhunderts.

Das Museu Picasso in Barcelona gilt als eines der weltweit bekanntesten Museen, die dem großen Künstler der Moderne gewidmet sind. Nur selten sind die Galerieräume (Bilder links) so menschenleer. Das Selbstporträt des Künstlers (unten links) entstand in seiner Pariser Zeit um das Jahr 1906. Als Resultat seiner Auseinandersetzung mit der Kunsttradition gilt u. a. das Bild »Femme aux poires« (unten).

MERCAT DE SANTA CATERINA

Modernstes Design und Komfort beim Einkaufen verbinden sich im Mercat de Santa Caterina mit der anregenden Atmosphäre traditioneller Marktkultur. Die bereits im Jahr 1848 eingeweihte neoklassizistische Markthalle wurde 2005 nach einer umfassenden Renovierung neu eröffnet. Das geschwungene Dach besteht aus einem Mosaik von achteckigen farbigen Fliesen, die zu großen Früchten angeordnet sind und insbesondere von den umliegenden Wohnblocks aus ein reizvolles Bild abgeben. Mit einer raffinierten Holzkonstruktion brachten die Architekten Enric Miralles und Benedetta Tagliabue auch die Rückseite der Markthalle zur Geltung. Im Innern warten über 60 Stände mit frischen Regionalprodukten auf. Ob man die Einkäufe selbst erledigen möchte oder seine Bestellung lieber an den Internetstationen tätigt und sich die Waren liefern lässt, kann man selbst entscheiden.

Die moderne Dachkonstruktion und die alte Bausubstanz der Halle aus dem frühen 19. Jahrhundert verbinden sich im Mercat de Santa Caterina zu einer harmonischen Einheit (unten). An den zahlreichen Ständen werden neben Gemüse und Obst auch die schmackhaften iberischen Schinken angeboten (ganz links). Mit katalanischer Gourmetküche kann man sich in den Restaurants der Halle überraschen lassen (links).

CAFÉS UND TAPAS

Barcelona ist quirlig, laut und immer überaus lebendig, doch auch die Muße kommt nicht zu kurz. Cafés, Granges (Milchbars), Tapasbars, Bistros und Restaurants laden alle zu genussvollem Verweilen ein. Es gibt natürlich In-Treffpunkte und zahlreiche weniger bekannte, aber deshalb nicht weniger gute Lokale. Doch Kaffee ist nicht gleich Kaffee! Meist ist es ein Espresso: Man trinkt ihn »sol«, »tallat« (mit einem Schuss Milch oder Sahne) oder »amb llet«

(Milchkaffee). Tapas sind eigentlich keine katalanische Spezialität, sondern eher in Andalusien und im Baskenland zu Hause, dennoch haben sie sich heute auch in Barcelona durchgesetzt. Die kleinen Appetithäppchen aus Oliven, Käse, Fisch, Meeresfrüchten, Schinken, Salami usw. werden in verführerischer Vielfalt und kreativen Arrangements zu Wein, Bier oder Sherry angeboten. Um die Entstehung ranken sich zahlreiche Legenden. Vermutlich

deckte man einst Weingläser zum Schutz ab und beschwerte den Deckel (»tapa«) mit Oliven und vielleicht noch mit einer zusätzlichen Kleinigkeit. Eines Tages wurden daraus die fantasievollen Tapas. Solche kleinen Stärkungen zwischendurch sollte man sich nicht entgehen lassen. Manchmal muss man sich freilich durch eine Menge kämpfen, wenn man bedient werden möchte. Üblich ist auch der Verzehr im Stehen.

Tapas werden in den Bars oft mitten im Gedränge verzehrt. Geruhsamer geht es in den Cafés zu, wo man in lauen Sommernächten im Freien sitzen kann (großes Bild). Das Jugendstilcafé Òpera (Bildleiste, 3. Bild von oben) ist für seine angenehme Atmosphäre bekannt. Im Els Quatre Gats trafen sich die Künstler des Modernisme (Bildleiste ganz unten). Ein Geheimtipp ist die seit 1929 bestehende Tapasbar El Xampanyet (links).

ARC DE TRIOMF

Anlässlich der ersten Weltausstellung in Spanien 1888 konzipierte der katalanische Architekt Josep Vilaseca i Casanovas den rund 30 Meter hohen monumentalen Triumphbogen mit seinen vielen Halbsäulen. Der rote Backsteinbau im neomaurischen Mudejarstil bildete das Haupteingangstor zum Ausstellungsgelände, auf dessen Areal im Anschluss der elegante Parc de la Ciutadella eingerichtet wurde. Noch heute krönt ein Fries mit der Inschrift: »Barcelona rep les nacions« (Barcelona heißt die Nationen willkommen) von Josep Reynés die Stirnseite des Triumphbogens. Rechts und links davon sind die Allegorien der Kunst, der Landwirtschaft, des Handels und der Industrie in Gestalt engelsgleicher Frauen in wallenden Kleidern dargestellt. In das Rund des Bogens eingearbeitet sind die Wappen aller spanischen Provinzen, über allem thronend das Stadtwappen Barcelonas.

An der Stelle des Triumphbogens befand sich bis zur Mitte des 19. Jahrhunderts die verhasste Ciutadella – die Garnisonskaserne der ehemaligen Madrider Zentralregierung –, und so ist das Monument auch ein Symbol für den Sieg Barcelonas. Links: Für eine Capoeira-Performance bietet der Arc de Triomf eine theatralische Kulisse. In sein Mauerwerk sind Fledermäuse, die Wappentiere König Jaumes I., eingearbeitet.

PARC DE LA CIUTADELLA

Ein beliebtes Erholungsgebiet der Stadtbewohner, aber auch für Besucher interessant ist dieser Park auf dem Gelände der ehemaligen Festung, die König Philipp V. von Bourbon nach dem Spanischen Erbfolgekrieg anlegen ließ. 1869 konnte das verhasste Symbol der Madrider Zentralmacht abgetragen werden. Eine blühende Parklandschaft mit einem See und einem Wasserfall entstand und beherbergte 1888 auch die Weltausstellung in Barcelona. An die Festung erinnert noch das ehemalige Arsenal, in dem heute das katalanische Parlament seinen Sitz hat, von der Weltausstellung dagegen blieben vor allem der Triumphbogen am Eingang, das modernistische Castell dels Tres Dragons von Lluis Domènech i Montaner, einst ein Café, heute zoologisches Museum, und die beiden Gusseisenglashäuser Hivernacle und Umbracle. Auch ein Zoo kann auf dem Areal besucht werden.

An der Gestaltung der Kaskade, einer neobarocken Brunnenanlage von Josep Fontserè i
Mestre aus den Jahren 1875 bis 1881, war auch
Antoni Gaudí beteiligt (ganz links). Vor dem
Wasserfall laden der kleine See und die üppige
grüne Landschaft mit Palmen zur Erholung ein
(links). Der Glaspavillon Hivernacle (großes Bild)
und das Gewächshaus Umbracle (unten) entführen den Gast in tropische Pflanzenwelten.

PARC ZOOLÒGIC

Inmitten des romantischen Parc de la Ciutadella gelegen, stellt der Zoo von Barcelona eine Oase im geschäftigen Treiben der Hafenstadt dar. In dem im Jahr 1892 aus dem Tierbestand eines reichen Bankers hervorgegangenen zoologischen Garten tummeln sich heute rund 500 Tierarten in Freiluftgehegen und Terrarien, deren Anlagen sich an der natürlichen Umgebung der Tiere orientieren. Im Bereich »Komodos« kann man die berühmten Komodowarane sowie Muntjakrehe und andere Tiere der pazifischen Inseln beobachten, und im riesigen Wasserbecken des »Aquarama« führen Delfine täglich ihre Kunststücke vor. Highlight des Zoos ist das Gorillagehege, in dem eine interaktive Ausstellung den neusten Stand der Primatenforschung präsentiert. Hier wird auch »Schneeflöckchens« (katalan.: Floquet de Neu) gedacht, des berühmten Albino-Gorillas von Barcelona.

Stolze 37 Jahre lang lebte der mächtige Albino-Gorilla mt dem niedlichen Namen »Schneeflöck-chen« im Zoo von Barcelona. Das legendäre Tier wurde nicht nur zum berühmtesten Bewohner des Tierparks, sondern ist bis heute eines der Wahrzeichen Barcelonas (großes Bild). Auch andere Tierarten fühlen sich im Zoos heimisch, wie dieser Elefant (links) oder die eleganten rosafarbenen Flamingos (unten).

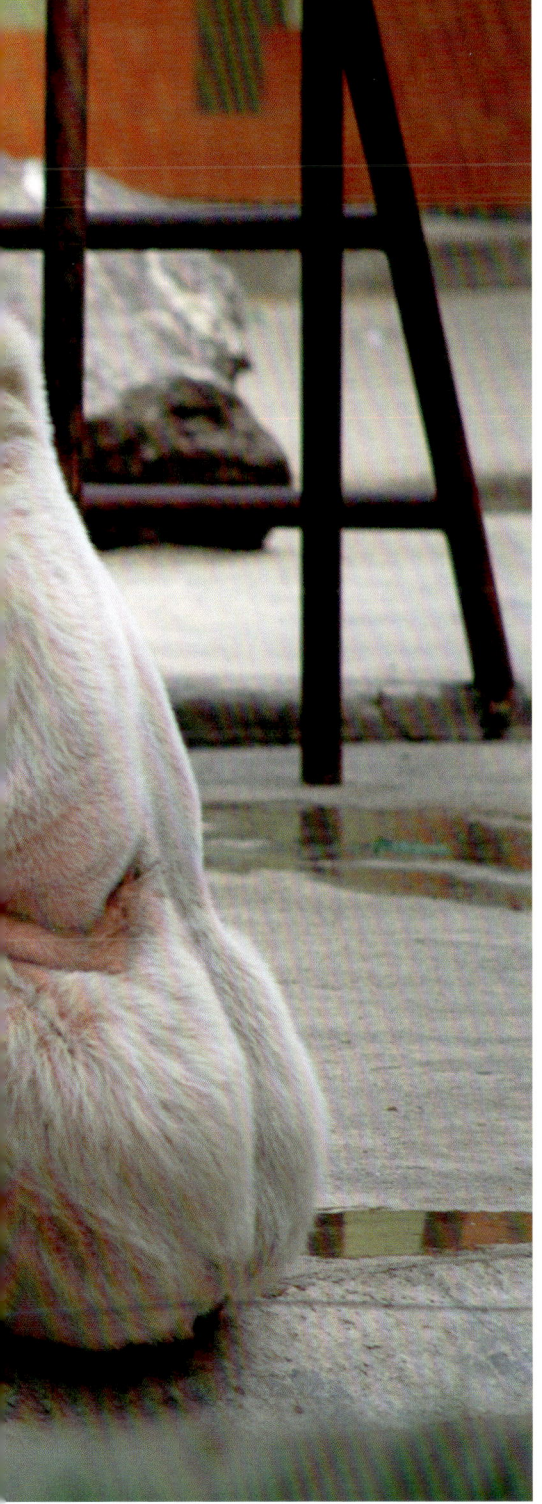

PORT OLÍMPIC UND VILA OLÍMPICA

Über den Passeig Marítim führt der Weg zum olympischen Hafen und zum olympischen Dorf. Der Port Olímpic wurde für die Segelwettbewerbe der Spiele angelegt, hat sich aber nun zu einem schicken Jachthafen gewandelt und ist heute ein beliebter Treffpunkt für Nachtschwärmer jeder Art. Das olympische Dorf mit den Unterkünften für die Wettkämpfer wurde zu einem modernen Wohnviertel mit vielen kleinen Plätzen und schönen grünen In-

nenhöfen umgebaut. Zumindest hier erinnert nichts mehr an das berüchtigte Arbeiterviertel Poblenou von einst, das den Beinamen »Manchester Kataloniens« hatte und aus alten Mietskasernen, Fabrikhallen und Gleisanlagen der Bahn bestand. Nach den jüngsten Sanierungen erstreckt sich heute die neue Küstenlinie der Stadt über das Marina Village mit seinen Einkaufsmöglichkeiten bis zum jüngst errichteten Wohnviertel am Forum.

Steil ragen der Bettenturm des Luxushotels Arts und die Torre Mapfre, das Bürogebäude einer Versicherungsgruppe, in den Himmel. Mit ihren 154 Metern Höhe und jeweils 44 Etagen sind sie nicht zu übersehen (links). Zum Wahrzeichen der Gegend ist der Peix d'Or des Stararchitekten Frank O. Gehry geworden. Die Fischskulptur aus Bronzebändern (1992) dient in der Sommerhitze auch als Schattenspender (großes Bild).

BARCELONAS ARCHITEKTUR DER POSTMODERNE

Seit jeher drückten die Barceloner ihren National-stolz in anspruchsvoller Architektur aus. Nachdem sich der letzte aufsehenerregende Bauboom im Zeichen des Modernisme ereignet hatte, steht seit der Neugestaltung der Stadt im Rahmen der Olympiade von 1992 bis heute die Postmoderne Pate für das moderne Barcelona. Die Architektur der Postmoderne spielt mit historischen Zitaten und lehnt eine lediglich an der Funktionalität orientierte Bau-weise ab. Nicht »form follows function«, sondern »form follows fiction« ist das Motto dieser mit Glas-fassaden und kippenden Räumen sich in Szene set-zenden Architektur. Doch hinter der scheinbar spie-lerischen Leichtigkeit verbirgt sich ein Konzept: Die Hülle des Gebäudes soll Geschichten und Ideen vi-sualisieren. So erinnert das 2010 erbaute Hotel W des katalanischen Architekten Ricardo Bofill an ein gigantisches Segel, in dem sich Himmel und Meer spiegeln. Das Fünfsternehotel vermittelt das Gefühl von Freiheit und der Verbundenheit mit den Ele-menten. Zwischen dem Hotel Arts und der Torre Mapfre glänzt die riesige Skulptur Peix d'Or des gro-ßen Architekten des Dekonstruktivismus, Frank O. Gehry, in der Sonne. Den Sitz der Gaswerke konzi-pierten die Architekten Enric Miralles und Benedet-ta Tagliabue mit einer Lichtverhältnisse und Umge-bung beständig widerspiegelnden Fassade.

BARCELONAS ARCHITEKTUR DER POSTMODERNE

Das W des futuristischen Hotels am Stadtstrand von Barcelona steht für das Whenever-Whatever-Konzept des Inhabers: In dem segelförmigen Gebäude herrscht das Gesetz der unbegrenzten Möglichkeiten (links). Zeichen einer neuen Urbanität: Die schillernden Fassaden und schwebenden Räume der Gaswerke im Stadtviertel Barceloneta (ganz links). Großes Bild: das bronzene Gitterwerk des Peix d'Or von Gehry.

FÒRUM

Im Jahr 2004 versuchte ein fünfmonatiges Festival mit Vorträgen, Konferenzen, Ausstellungen, Konzerten und Theateraufführungen unter dem ambitionierten Titel »Weltforum der Kulturen« in Barcelona eine Art wegweisende Bestandsaufnahme zu Beginn des 21. Jahrhunderts. Die Infrastruktur, die für die kontrovers diskutierte Mega-Veranstaltung entstand, ist nach wie vor aufsehenerregend. Das küstennah gelegene Areal am Ende der Avinguda Diagonal wurde urbanistisch uminterpretiert und mit einem Kongresszentrum, Auditorien, einem Hauptplatz für Open-Air-Veranstaltungen (Explanada del Fòrum) und dem Edifici Fòrum bebaut: Die vom Schweizer Architekturbüro Herzog & de Meuron entworfene Multifunktionshalle, wegen ihrer intensiv blauen Farbe auch Museu Blau genannt, ist mit ihrem raffiniert einfachen Dreiecksgrundriss der Blickfang dieses spektakulären Ensembles.

Scharf heben sich die Kanten des Dreieckbaus Edifici Fòrum gegen den blauen Himmel ab (links oben). In den facettenreichen Glasflächen spiegelt sich die Umgebung tausendfach wider (großes Bild und links unten). Als Ort kultureller Veranstaltungen erfüllt das Edifici Fórum bis heute seinen Zweck, wie hier bei einer Tanzperformance von Sara Baras im Rahmen des Millenni-Musikfestivals im Jahr 2010 (Bilder links).

EIXAMPLE, GRÀCIA

Nach dem Abbruch der alten Stadtmauern entwickelte Ildefons Cerdà 1855 für die Stadterweiterung Eixample, ein neues städtebauliches Konzept unter Einbeziehung aller sozialen und hygienischen Errungenschaften der damaligen Zeit. Zwischen der verwinkelten Altstadt und dem dörflichen Gràcia liegen nun Häuser um weite Innenhöfe in einem Raster sich rechtwinklig kreuzender Straßen. Cerdà strebte eine demokratische Gestaltung der Erweiterung an. Das Großbürgertum wetteiferte jedoch mit Jugendstilprachtbauten jenseits aller Ideale von Gleichheit.

Über die fantastische, abendlich beleuchtete Dachlandschaft der Casa Milà mit ihren bizarren Schornsteinen geht der Blick auf den Stadtteil Eixample mit seinen aufsehenerregenden neuen Bauten. Das Gaudí-Haus ist eines der vielen Schmuckstücke auf dem Passeig de Gràcia.

PASSEIG DE GRÀCIA

An das einstige Dorf Gràcia erinnern heute noch die engen Gassen und hübschen Plätze im Zentrum, die sich gut zum Flanieren eignen. Im 19. Jahrhundert war Gràcia ein Industrieviertel. Mittlerweile hat es sich den Ruf eines Künstlerviertels mit Cafés, Bars und Nachtclubs erworben. Der vom Zentrum Barcelonas hierher führende Passeig de Gràcia – ein über 60 Meter breiter Prachtboulevard mit Platanenreihen – gilt als die vornehmste Einkaufsmeile der Stadt. Hier finden sich auch die berühmtesten Mietshäuser des Modernisme, darunter die »Mançana de la Discòrdia« (Zankapfel) – eine Anspielung auf das »Parisurteil« und das damalige Prestigestreben von Bauherren und Architekten, da »mançana« sowohl Apfel als auch Wohnblock bedeutet. Hier stehen nämlich die Arbeiten der drei bedeutendsten Baumeister des Modernisme in unmittelbarer Nachbarschaft.

Fassade und Dach der Casa Milà fallen durch ihre spektakulären, von der Natur inspirierten Formen ins Auge (großes Bild). Das von Gaudí zu Beginn des 19. Jahrhunderts geplante Wohnhaus ist Teil der »Mançana de la Discòrdia«, des Straßenzugs, in dem gleich mehrere Modernismebauten um die Vorherrschaft der schönsten Architektur im Wettstreit liegen. Links: Casa Batlló und Casa Amatller auf dem Passeig de Gràcia.

SHOPPING IN BARCELONA

Barcelona ist nicht nur die Stadt der gotischen Architektur, des Modernisme und der großen Museen, es ist auch eine Stadt der jungen Kreativen, die insbesondere in den letzten Jahren innovative Designer, neue Mode und alternative Ladenkonzepte hervorgebracht hat. Jenseits der großen Einkaufsmeile, die von der Rambla de Catalunya über die Plaça de Catalunya zum Passeig de Gràcia und zur Avinguda Diagonal reicht und mit Labels

von Zara über Custo und Desigual bis hin zu Armani und Cartier aufwartet, gibt es in den engen Gassen der Stadtviertel Barri Gòtic, El Raval und El Born eine Vielzahl kleiner Läden und Boutiquen, deren individuell inszeniertes Ambiente zum Stöbern verlockt: In den im Stadtgebiet verstreuten Xocoa-Läden der Gebrüder Marc und Miguel Escurell kann man sich am Zusammenspiel von Schokolade mit ausgefeiltem Design berauschen, originelle

Kleidungsstücke und Objekte von Künstlern und Modemachern kann man in den Boutiquen im Barri Gòtic und in El Born erwerben. In den Läden auf dem Passeig del Born und im kleineren Carrer Avinyó findet sich manches einzigartige Stück aus der Kollektion junger spanischer Designer. Wer sich in die Atmosphäre aus Carlos Ruiz Zafóns »Der Schatten des Windes« zurückziehen will, findet in der Librería Cervantes-Canuda die nötige Ruhe.

Grelle Farbkombinationen kennzeichnen den Patchworkstil von Custo (ganz links, großes Bild). Die Vielfalt der Hafenstadt verkörpert Desigual (unten), und Bibian Blue brachte die Korsettage erneut in Mode (links). Das Kaufhaus El Corte Inglés vertritt dagegen klassische Stilrichtungen (unten links). Vinçon ist die Adresse für Designmöbel (unten Mitte), und Schokolade in stylischen Hüllen findet man bei Xocoa (ganz unten).

CASA LLEÓ MORERA

Eines der Schmuckstücke des Modernismeblocks »Mançana de la Discòrdia« liegt auf dem Passeig de Gràcia 35: Die Casa Lleó Morera wurde ab 1902 von Lluís Domènech i Montaner zum Jugendstilpalast umgestaltet. Das Wohnhaus aus dem Jahr 1864 diente dabei als bauliches Rohmaterial, auf dessen Basis der Architekt zusammen mit dem Bildhauer Eusebi Arnau sowie Spezialisten in Sachen Mosaikkunst, Keramikarbeiten und Innen-einrichtung ein Gesamtkunstwerk konzipierte. Neben Elfenwesen und Blumendekor finden sich in der Gestaltung der Fassade zahlreiche Anspielungen auf den Namen des Besitzers in Form von Maulbeerbäumen (moreres) und Löwen (lleons). Die Balkone des ersten Stocks werden von Frauenfiguren eingerahmt, die in ihren Händen Grammofon, Fotoapparat, Telefon und Elektrizität präsentieren – Errungenschaften der Technik zu jener Zeit.

Monumentale Säulen aus Marmor markieren den Eingang zu dem Ladengeschäft im Erdgeschoss des Jugendstilhauses (links). Mit vielen fein ziselierten Spitzen schließt das Dach nach oben hin ab (links unten). Das mit Säulen, Wandfriesen, originellen Durchgängen (links ganz unten) und Erkern aus Buntglasfenstern (großes Bild) gestaltete Innere ist nicht öffentlich zugänglich, da sich die Casa Lleó Morera in Privatbesitz befindet.

CASA AMATLLER

Die Casa Amatller des katalanischen Architekten Josep Puig i Cadafalch, die sich unmittelbar an die Casa Batlló Gaudís anlehnt, prägt zusammen mit der Casa Lleó Morera und Enric Sagniers Casa Mulleras das Gesicht des Passeig de Gràcia – der belebten Einkaufsstraße des Eixample-Viertels. 1998 gab Barcelonas berühmter Chocolatier Antoni Amatller den Bau seines Wohnhauses in Auftrag, der von Josep Puig i Cadafalch in Anlehnung an einen gotischen Stadtpalast konzipiert wurde. Die Fassade ist mit gemusterten Keramikfliesen überzogen und wird von kunstvoll in Stein gehauenem Fensterschmuck durchbrochen. Zwei asymmetrisch angelegte Eingangstüren werden vom Drachenkampf Sant Jordis, des heiligen Georg, eingerahmt. Eine Treppe im Innenhof führt zu den Stockwerken, die mit hohen Steinbögen, Glasmosaiken und Jugendstillampen ausgestattet sind.

Betritt man die Casa Amatller, so gelangt man zunächst in die Eingangshalle (großes Bild), in der farbige Glasfenster, Steinsäulen und Rundbögen einen herrschaftlichen Eindruck vermitteln. Den Weg hinauf in die Salons des ersten Stockwerks weisen die zierlichen Jugendstillämpchen (unten). Ein Glasmosaik schließt den Lichtschacht des Innenhofs nach oben hin ab (links). Ganz links: ein Detail der Fassade.

CASA BATLLÓ (AUSSEN)

Wie ein mystisches Tier, märchenhaft verwunschen und mit ihrem gezackten Schuppendach an einen Drachen erinnernd, steht die Casa Batlló eingebettet zwischen den sie umgebenden Häusern am Passeig de Gràcia. Den Eingang säumen graue Säulen, die wie Elefantenfüße anmuten, kleine Balkone unterbrechen die sanft gewellte Struktur der Fassade. Tatsächlich ist die Casa Batlló dem Drachentöter Sant Jordi gewidmet und gibt in ihrem Aufbau die Legende des Heiligen wieder. Wie bereits bei anderen Bauwerken Antoni Gaudís finden sich auch in diesem ab 1904 im Auftrag des Stofffabrikanten Josep Batlló i Casanovas umgebauten Wohnhaus keine rechten Winkel oder Kanten. Die weichen, fließenden Formen wirken organisch und sind der Natur nachempfunden. Das oberste Stockwerk wird von einer weitläufigen Dachterrasse mit Türmchen und Mosaikschornsteinen bekrönt.

Mit der Fassade der Casa Batlló ist Gaudí das Meisterwerk gelungen, die Legende des heiligen Georg – Schutzpatron von Katalonien – in Architektur zu übersetzen. Das Dach erinnert an das Schuppenkleid des Drachen, die Balkone ragen wie Totenschädel aus der im Sonnenlicht glitzernden Fassade und in der Galerie des ersten Stockwerks lässt sich das große Maul des Drachens gut erkennen.

CASA BATLLÓ (INNEN)

Die spielerische Architektur der Fassade setzt sich im Innern der Casa Batlló fort. Hier wird man ganz von Gaudís fantasievoller Welt umfangen. Eine geschwungene Treppe führt in die Wohnung des Hausherrn im ersten Stock, der Gaudí in der Gestaltung besondere Aufmerksamkeit widmete. Fließend gehen die Räume ineinander über, getrennt durch edle Jugendstiltüren aus Holz, deren kunstvolle Glaseinsätze die dahinter liegenden Räume erahnen lassen. Zur Straße hinaus blickt man zwischen organisch geformten Säulen durch eine mit Buntglasscheiben verzierte Glasfront. Steigt man weiter empor, so gelangt man in den weißen Dachboden, der durch seine plastische, maurische Bauweise fasziniert. Durch schräge Durchgänge gelangt man über ein Treppchen auf die Dachterrasse, auf der sich die Sonne Barcelonas in den charakteristischen Gaudí-Schornsteinen spiegelt.

Die hellen Innenräume mit organisch geformten Wänden und Säulen vermitteln dem Besucher den Eindruck, sich in einer eher gewachsenen als konstruierten Raumstruktur zu bewegen (1. und 2. Bild unten). Ganz unten: In der Gestaltung des Dachbodens setzte Gaudí auf die plastische Wirkung weißer Flächen und Bögen. Durch den mit blauen Kacheln verkleideten Schacht des Innenhofs gelangt Licht ins Haus (Bilder links).

CASA MILÀ

Dieses groß angelegte Miets- und Geschäftshaus, auch unter dem Namen La Pedrera (Steinbruch) bekannt, plante Gaudí in den Jahren 1906 bis 1910 für seinen Auftraggeber, den Geschäftsmann Pere Milà. Gaudí verband hier eine moderne Skelettbauweise mit organisch gewellten Steinfassaden. Märchenhaft wirkende Schmiedeeisengitter an den Balkonen, Dachaufsätze, Entlüftungsrohre und Kamine von überbordender Fantasie schmücken den ansonsten wuchtig wirkenden Bau. Im Innern entstanden Wohnungen fast ohne Geraden und rechte Winkel. Nach Auseinandersetzungen um die Ausstattung kam es zwischen dem Bauherrn und Gaudí jedoch zum Bruch. Ausstellungsräume in der Beletage, ein kleines Museum im Dachgeschoss, eine elegante, im Stil des Modernisme eingerichtete Wohnung und die fantastische Dachterrasse mit ihren Schornsteinen können besichtigt werden.

Die fließenden Fassaden und wellenförmigen Dächer der Casa Milà (unten links), auf denen Türmchen und Schornsteine eine bizarre Dachlandschaft formen (Panoramaansicht), entführen den Besucher in eine andere Welt. Auch der Blick durch einen der Innenhöfe lässt Gaudís Formensprache erahnen (unten rechts). Grottenartig und wie von Stalaktiten gestützt gibt sich das Innere des Hauses (Bilder links).

ANTONI GAUDÍ

Der berühmteste Architekt des Modernisme wurde 1852 als Sohn eines Kupferschmieds geboren; so bewahrte er zeitlebens auch eine große Liebe zum Kunsthandwerk. Gaudís Hauptförderer war der Industriebaron Eusebi Güell, mit dem er 1878 in Kontakt kam. Die Sagrada Família gilt als bedeutendstes Werk des Architekten, der in der Arbeit an der Kirche so aufging, dass er darüber zum einsamen Sonderling wurde und in den letzten Lebensjahren auch keine weltlichen Aufgaben mehr übernahm. 1926 starb Gaudí an den Folgen eines Straßenbahnunfalls. Wie auch andere Vertreter des Modernisme ließ sich Gaudí für sein Schaffen von der Gotik sowie von maurisch-spanischen Fliesendekorationen inspirieren. Am meisten beeinflusste ihn jedoch die Natur, deren Strukturprinzipien er auf die Architektur übertrug und deren Formenreichtum Gaudís gesamtes Werk prägte. Schräge Stützen, unregelmäßige Grundrisse und das Vermeiden von Geraden und rechten Winkeln kennzeichnen die Architektur Gaudís, deren wichtigste Bauwerke zum UNESCO-Weltkulturerbe zählen. Da in der Natur auch nichts farblich völlig einheitlich ist, gestaltete Gaudí seine Gebäude gern mit Dekorationen aus Kacheln und Mosaiken aus Fliesenbruch und farbigen Glassteinen, die er anfangs geometrisch, später jedoch frei fließend einsetzte.

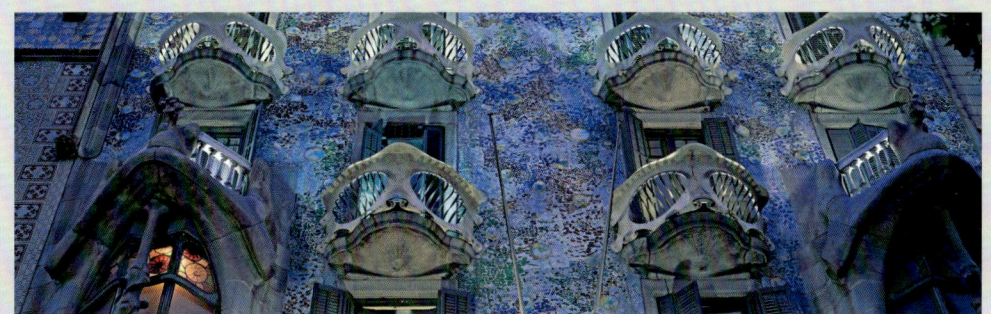

Eindrucksvoll sind die Schirmgewölbe aus Backstein, die Gaudí (unten links) zwischen 1899 und 1915 für die Krypta der geplanten, jedoch nie fertiggestellten Kirche in der Colònia Güell konstruierte (großes Bild). Auch die Bänke in der Krypta wurden nach Entwürfen Gaudís angefertigt. Einfach unübertroffen: die bei nächtlicher Beleuchtung blau schimmernde Fassade der Casa Batlló mit den bizarren Balkonen (links).

FUNDACIÓ ANTONI TÀPIES

Nach Umbauten in den Jahren 1985 bis 1990 wurde das Gebäude des Verlagshauses Montaner i Simon, das Lluís Domènech i Montaner 1879 bis 1885 errichtet hatte, zum Ausstellungsgebäude und Sitz der vom Künstler gegründeten Fundació Tàpies. Heute werden in dem dekorativen, an maurische Vorbilder erinnernden Ziegelbau mit innerer Gusseisenkonstruktion über 800 Arbeiten von Tàpies bewahrt und teils ständig, teils temporär ausgestellt, ebenso auch aktuelle Gegenwartskunst, die Tàpies mit seiner Stiftung fördern wollte. Als Künstler hat Tàpies, der vom Surrealismus und vom Informel inspiriert ist, eine Vorliebe für einen dicken, schichtweisen Farbauftrag und innovative Materialkombinationen, darunter Sand und Zement, sowie Kratztechniken. Die Verwendung von Primärfarben lehnt er wie alles Dekorative überhaupt ab. Wirken sollen vor allem das Material und die Textur.

Tàpies verfremdete die Architektur des früheren Verlagshauses durch einen aus Aluminiumdraht komponierten Dachaufsatz mit dem Titel »Wolke und Stuhl« (großes Bild). Im Innern wurde der Bau den Bedürfnissen eines modernen Ausstellungsbetriebes zur Gegenwartskunst angepasst (Bilder links). Schon früh wandte sich Tàpies (unten) gegen das Franco-Regime und inspirierte andere Künstler zu kritischem Handeln.

SAGRADA FAMÍLIA (AUSSEN)

Der Grundstein der Sagrada Família, der Sühnekirche der Heiligen Familie, wurde am 19. März 1882 gelegt. Der ursprünglich neogotische Entwurf wurde von Antoni Gaudí in dem für ihn typischen fantasievollen, organischen Baustil des Modernisme abgeändert und ausgeführt. Im Jahr 2026, wenn sich der Todestag Gaudís zum 100. Mal jährt, soll der bis heute unvollendete Bau abgeschlossen sein. Zwei Schaufassaden zieren die Sagrada Famí-

lia. Nach Osten ausgerichtet liegt die sogenannte Geburtsfassade, welche die Geburt Jesu darstellt und noch fast zu Lebzeiten Gaudís vollendet wurde. Im Westen zeigt sich die Passionsfassade, die durch eine geometrische Linienführung und große Figuren geprägt ist. Mit dem Bau der Fassade der Seligkeit wurde noch nicht begonnen. Die Türme mit ihren Scharten und filigran gearbeiteten Spitzen sind zu einem Wahrzeichen Barcelonas geworden.

Insgesamt 18 Türme sollen den ursprünglich als »Sühnekirche« geplanten Bau nach seiner Fertigstellung schmücken (links). Die den Aposteln geweihten Türme schließen oben mit einem geschmückten Aufsatz ab. Plastisches Zierwerk und Figurenszenen mit filigranen Darstellungen Christi dominieren die sogenannte Geburtsfassade der Kirche (beide Bilder unten), die von drei Portalen flankiert wird.

SAGRADA FAMÍLIA (INNEN)

Die Höhe der Sagrada Família überwältigt den Betrachter: 75 Meter sind es von der Apsis bis zur Decke. Die Gewölbe werden von steinernen Säulen getragen, die sich wie Bäume nach oben strecken und verzweigen. Durch die geometrisch gemusterten Fenster dringt sanftes Licht in den sakralen Raum. Auf einem Grundmaß von 7,50 Metern – das sich aus dem durchschnittlichen Größenverhältnis von Mensch zu Baum ergibt – errichtete Gaudí die gesamte Basilika. Die 90 Meter lange Kirche wird durch Säulen im Abstand von 7,50 Metern in genau zwölf Teile geteilt. Die Maße der fünf Schiffe stehen im Verhältnis 90 Meter zu 60 zu 45 und ergeben so die Relationen ein Ganzes, zwei Drittel, die Hälfte. Die Apsis mit ihren sieben Seitenkapellen ist der Freude und der Trauer gewidmet. Unter der Apsis liegt die Krypta mit sieben Kapellen. In der Christuskapelle befindet sich das Grab Gaudís.

Im Innern verzweigen sich die Pfeiler wie Ast-werk, bis sie oben in einem Gewölbe aus vielen kleinen Blattrosetten münden (links). Damit greift Gaudí das Motiv des Waldes im Bau der Kathedrale auf. Das Kircheninnere wirkt dabei leicht, so als hätten die Säulen keine schwere Last zu tragen. Durch das Licht, das durch die 2010 fertiggestellten Glasfenster fällt, erscheint der Innenraum hell und farbig (großes Bild).

MODERNISME

Ende der 1880er-Jahre entwickelte sich in Barcelona eine ganz eigenständige Variante des Jugendstils, der bis etwa zum Ersten Weltkrieg prägend blieb. Der sogenannte Modernisme erfasste vor allem Architektur und Kunstgewerbe. Wie im Jugendstil wurde auch hier ein Gesamtkunstwerk angestrebt, das nicht nur den Bau, sondern auch die komplette Ausstattung einer einheitlichen Formensprache unterwarf. Eine ausgeprägte Liebe zum Ornament findet sich in Katalonien ebenso wie auch sonst im Jugendstil. Spezifisch für Barcelona sind Rückgriffe auf lokale Traditionen, die mit den neuesten Tendenzen aus dem europäischen Ausland verknüpft wurden. Die meisten Vertreter des Modernisme waren auch Anhänger der Renaixença und eines unabhängigen Kataloniens. So dienten ihnen Anklänge an maurische Stilelemente und katalanische Gotik auch als Ausdruck eines nationalromantischen Bewusstseins. Außerdem unterschied sich der Modernisme von dem nur einer kleinen Elite vorbehaltenen Jugendstil dadurch, dass er industrielle Fertigungsmethoden integrierte. So wurden die entsprechenden Produkte günstiger und konnten damit einer breiteren Bevölkerungsschicht zugänglich gemacht werden. Zu den bedeutendsten Architekten dieser Zeit zählen Gaudí, Puig i Cadafalch und Domènech i Montaner.

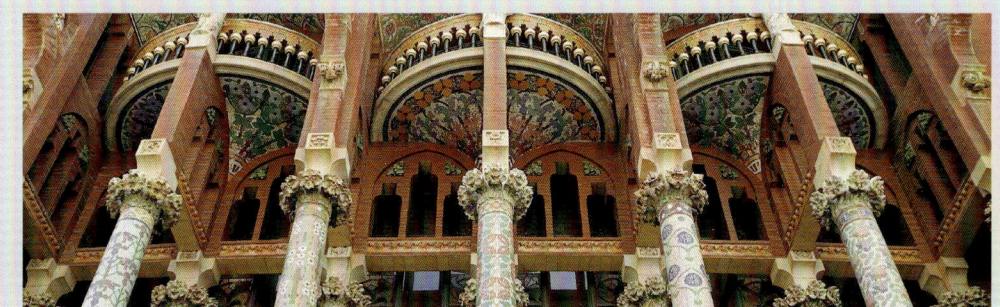

Der Innenhof der Casa Baró de Quadras (unten links) von Puig i Cadafalch und die baulichen Details des Palau de la Música Catalana, von Lluís Domènech i Montaner (links) zeigen die Bindungen des Modernisme an maurisch-gotische Traditionen. Im ersten Stock der Casa Lleo Morera am Passeig de Gràcia kann man eine wunderschöne Glasrotunde im Tiffany-Stil bewundern (großes Bild).

FESTA MAJOR DE GRÀCIA

Jedes Jahr Mitte August wird das im Norden von Barcelona gelegene Stadtviertel Gràcia, das mit seinen kleinen Sträßchen, alten Kirchplätzen und Cafés einen gemütlichen Eindruck macht, zum Schauplatz des größten Stadtteilfests von Barcelona. Rund eine Million Menschen tanzen und schwatzen, trinken und essen in den bunt dekorierten Gassen bis in die frühen Morgenstunden. Eine ganze Woche lang hält die Festa Major die Menschen auf Trab – an Schlaf ist in diesen heißen Augustnächten nicht zu denken, denn ringsherum sorgen verschiedenste Livebands mit Jazz-, Pop- und Rockmusik für ausgelassene Feierstimmung. Bars verlagern an diesen Tagen ihre Tresen auf die Straßen, Tapasbuden bieten verschiedenste Köstlichkeiten an. Eines der wichtigsten Events im Verlauf der Festa Major ist der Wettbewerb der über zwölf Straßenzüge des Viertels um die am schönsten dekorierte Gasse. Dafür legen sich die Anwohner ins Zeug, werden zu Künstlern und kreieren fantasievolle, farbenprächtige Dekorationen. Ein Umzug der »gegants«, übermenschlich großer Figuren, eröffnet das Fest auf der Plaça Rius i Taulet, gefolgt von Theateraufführungen, Spielen und einer Riesenpaella. Ein Fest der Generationen, bei dem sich Tradition und Popkultur unter Barcelonas Himmel zu einem bunten Spektakel mischen.

FESTA MAJOR DE GRÀCIA

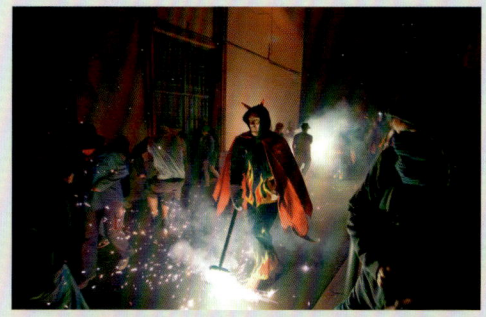

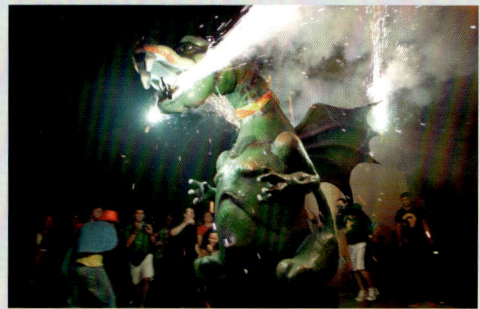

Die Festa Major lockt nicht nur die Bewohner des Stadtviertels Gràcia auf die bunt dekorierten Straßen und nächtlich erleuchteten Plätze – ganz Barcelona strömt hier zusammen, um sich die heißen Augustnächte zu vertreiben. An Tischen sitzt man in den Gassen zusammen (Bilder unten). Zum Abschluss des Festes, beim traditionellen »correfoc«, mischen »Teufel« und Drachen die Menge mit Feuerwerk auf (Bilder links).

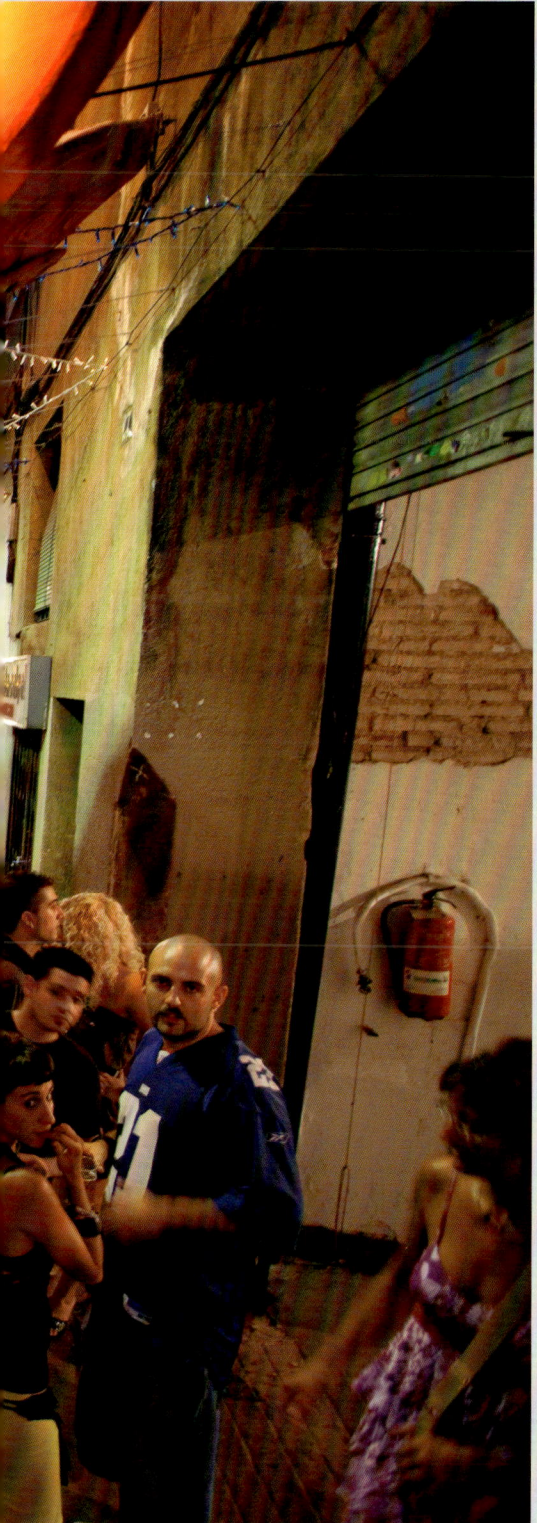

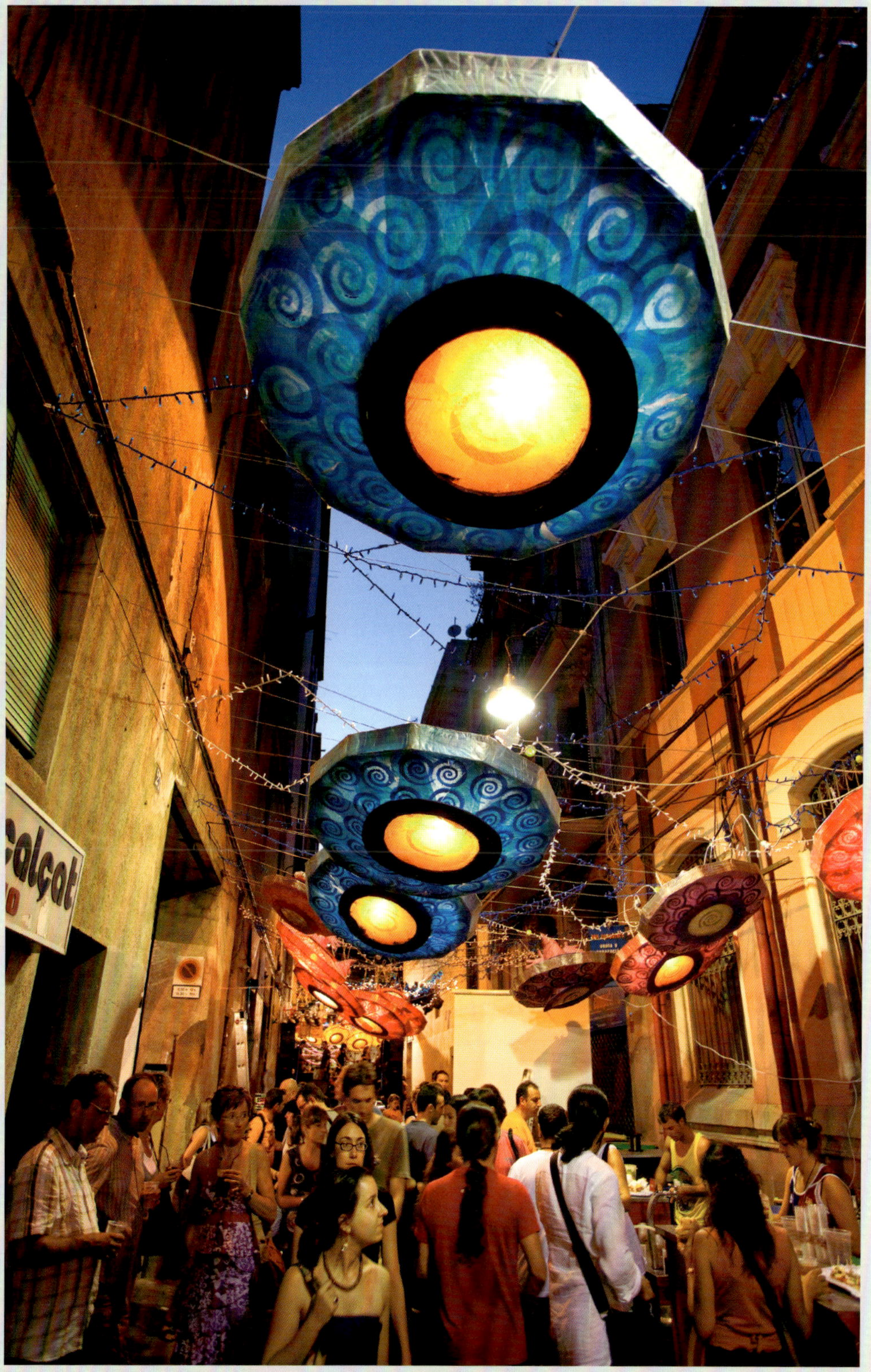

HOSPITAL DE LA SANTA CREU

Als Ersatz für das 500 Jahre alte Krankenhaus von Barcelona konzipierten Lluís Domènech i Montaner und sein Sohn Pere Domènech i Roura die neue »Krankenhausstadt«. Zwischen 1902 und 1930 wurden 48 Pavillons für die verschiedenen medizinischen Bereiche, eine Kapelle und ein Erholungsheim, umgeben von viel Grün und frischer Luft, mit unterirdischen Verbindungsgängen errichtet – ein für die damalige Zeit revolutionär fortschrittliches Konzept. Darüber hinaus sollte die Verwendung von Farben und Ornamenten den Heilungsprozess unterstützen. So ist der ganze Komplex mit gekachelten Kuppeln, Mosaikschmuck und Buntglas nach Bauweise des katalanischen Jugendstils und in Anlehnung an gotische und maurische Vorbilder geschmückt. Den Architekten gelang damit der Bau eines menschenwürdigen und in keiner Weise steril wirkenden, wunderschönen Krankenhauses.

HOSPITAL DE LA SANTA CREU

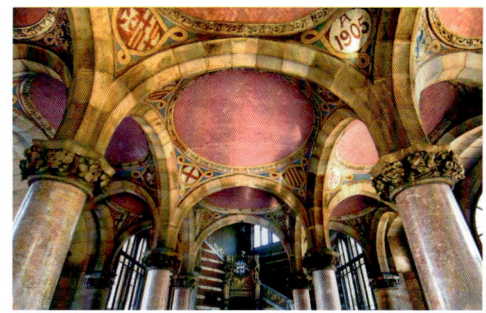

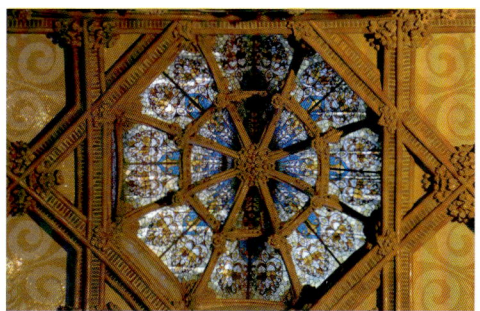

Bunte Ziegel, glasierte Kacheln und Mosaikschmuck, reiche Bemalung und farbige Glasfenster (Bilder links) verleihen der gesamten Anlage eine angenehme Atmosphäre. Hier ist von der Sterilität so mancher Klinikbauten nichts zu spüren. Die Gänge (unten) wie auch die Fassade über dem Hauptportal (großes Bild) erinnern entfernt an alte Klöster und zeigen die formalen Übernahmen aus der Architektur der Gotik.

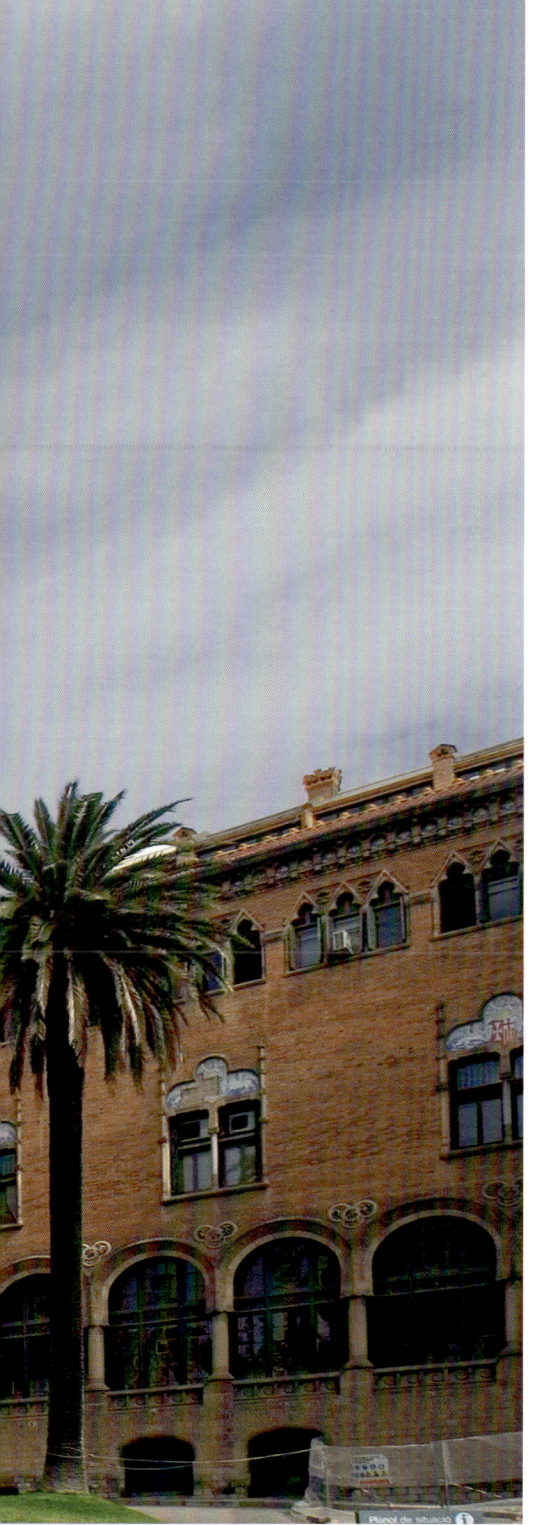

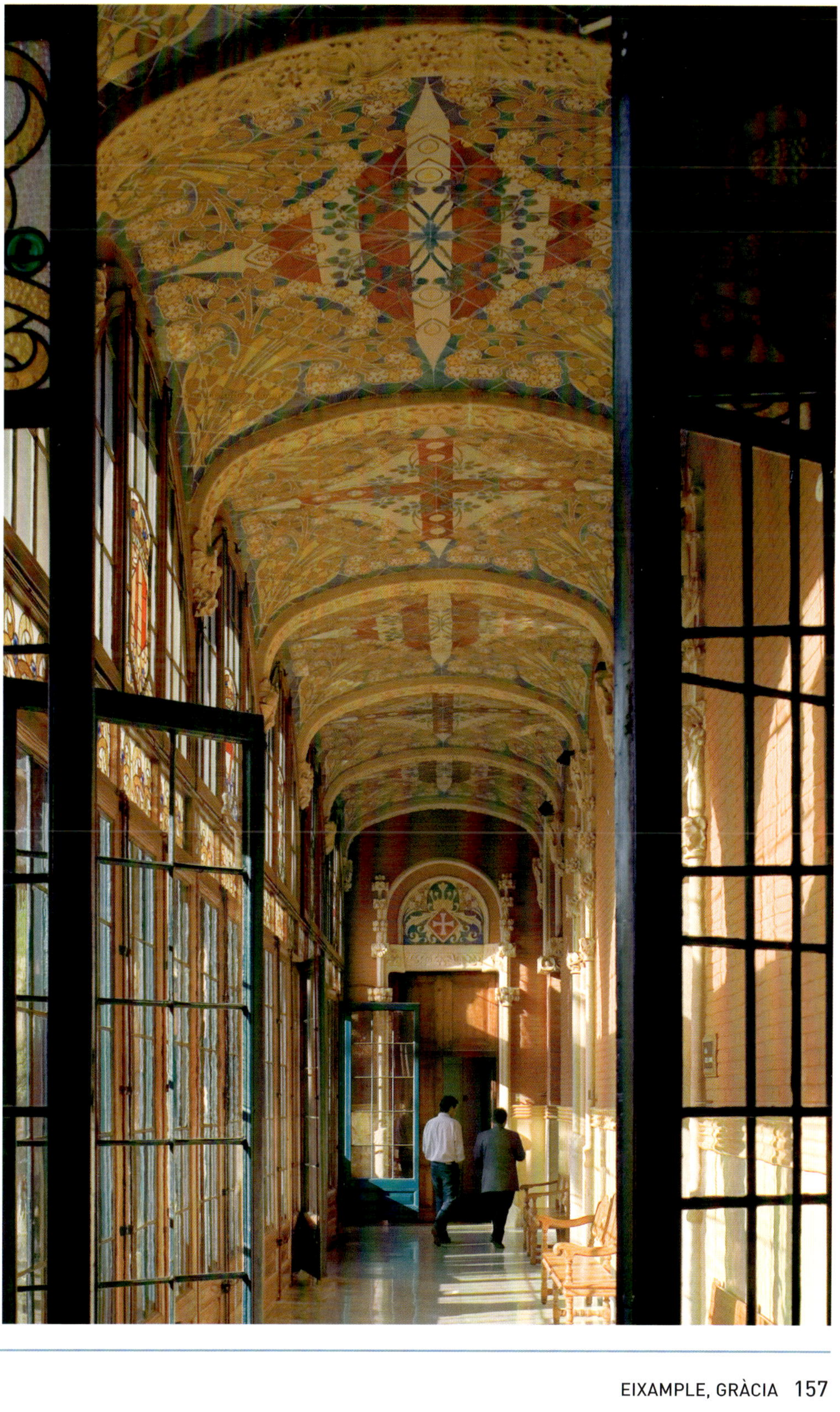

PARC GÜELL

Bunt und einladend wirkt der ab 1900 im Rahmen einer Gartenstadt angelegte Park. Gaudí sollte im Auftrag von Eusebi Güell eine geschlossene Wohnsiedlung für Wohlhabende zusammen mit einem Park nach dem Muster englischer Gartenstädte errichten. Ausgeführt wurden nur der Park und die Mauer mit bewachten Eingängen. Von den 60 Parzellen Baugrund konnten jedoch nur zwei verkauft werden, eine davon erwarb Gaudí selbst. Das Leben in einem Getto für die Reichen war damals wohl nicht so attraktiv. Gaudí, der durch Josep Maria Jujol unterstützt wurde, bewies nicht nur hier, dass er auch ein großartiger Landschaftsgestalter war. Architektur und Natur befinden sich in Einklang wie selten in der späteren Baukunst. Zwei Pförtnerhäuschen, eine sich um den Park windende Mauer, Säulen und mosaikgeschmückte Bänke verwandeln den Hang in eine Märchenwelt.

Wellenförmig umschließt die Bank in Schlangengestalt den Terrassenplatz, geschmückt mit Mosaiken aus Bruchstücken von Kacheln und Glas (Bildleiste: 1. und 2. Bild von oben). Fantasievolle Schornsteine, Brunnen und Tiere schmücken das Areal (links). Mit ihren lustigen Dächern und Türmchen weisen die Pförtnerhäuschen (großes Bild) den Eingang zum Park. Idyllisch wirkt auch der Platz vor der Natursteinbrücke (ganz unten).

NACHTLEBEN

Die Stadt tanzt. Barcelona ist auch nachts überaus lebendig. Tanzshows, Rock-, Jazz- und Salsaclubs, Tanzsäle mit Fin-de-Siècle-Charme und hochgestylte Hightech-Designclubs, Livemusik und stadtbekannte DJs – hier findet sich alles und alles sehr spät. So richtig los geht es erst weit, weit nach Mitternacht. Selbst wer eine Flamenco-Show sehen möchte, kommt hier auf seine Kosten – auch wenn dieser Tanz ursprünglich aus Andalusien stammt. Besonders aktiv ist die Stadt in den Nächten von Donnerstag bis Sonntag. Zu den bekanntesten Adressen gehört der Tanzclub La Paloma, ein emblematischer barocker Ballsaal, in dem noch bis vor Kurzem Alt und Jung das Tanzbein schwangen und dessen Schließung bis heute Protestreaktionen auslöst. Flamenco findet man im Tablao de Carmen im Poble Espanyol, in dem man auch edel speisen kann. Ebenso können Sie sich dort aber auch in dem berühmten Designambiente von Javier Mariscal, Alfredo Arribas und Miguel Morte im Torres de Avila amüsieren. Wer noch mehr Lust auf Design hat, besuche die Musikbar Zsa Zsa oder das postmoderne Velvet. Als älteste Cocktailbar der Stadt gilt das Boadas, in dem bereits Joan Miró einzukehren pflegte. Die Bohème trifft sich in der London Bar, einem seit dem Jahr 1910 bestehenden Treffpunkt.

Bildleiste links von oben nach unten: eine der vielen Bars an der Via Laietana, in der sich die Einheimischen gern auf einen Absacker treffen; das Ambiente des Shôko Club wurde nach Feng-Shui-Prinzipien gestaltet; im Rita Rouge trifft sich die Szene Barcelonas. Frei und schräg geht es im Otto Zutz Club zu (unten rechts). Großes Bild links: Die alte Absinth-Bar Marsella in El Raval ist für viele ein beliebtes Stammlokal.

TEATRE NACIONAL DE CATALUNYA UND L'AUDITORI

Das Nationaltheater ist einer der typischen Bauten der Postmoderne. Es wurde 1991 bis 1996 von Ricardo Bofill und seinem Büro Taller de Arquitectura errichtet. Über eine Außentreppe erreicht man das begrünte Foyer. Der Theatersaal in Halbkreisform – wie das Äußere an klassischen Formen orientiert – umfasst 900 Plätze. Weitere 400 Sitze bietet ein auch formal unkonventionelleres Experimentiertheater. Ein an der Rückseite des Theaters angefügter Querbau beherbergt Werkstätten und Proberäume. Ein eher der internationalen Moderne verpflichteter Bau ist das Auditori. Es wurde von 1988 bis 1999 durch den Madrider Architekten Rafael Moneo in minimalistischem Purismus errichtet. Der Betonskelettbau enthält einen Logensaal für Konzerte mit über 2300 Sitzplätzen, einen Kammermusiksaal mit etwa 700 Plätzen und einen Mehrzwecksaal für bis zu 500 Zuhörer.

Das Nationaltheater auf der Plaça de les Glòries weckt mit seinem Satteldach und den monumentalen Säulenreihen Erinnerungen an die Akropolis in Athen (großes Bild). Unmittelbar daneben liegt das Auditori, das Sitz des Sinfonieorchesters von Barcelona ist und als moderner Zweckbau konzipiert wurde (ganz links). Der Konzertsaal besticht nicht nur durch die gute Akustik, sondern auch durch seine klaren Formen (links).

TORRE AGBAR

Nicht nur nachts ist der 142 Meter hohe Büro-komplex »Torre Agbar« an der Avinguda Diagonal eine Sensation. Dann malen 4500 blaue, rote, gelbe und pinkfarbene Leuchtdioden schillernde Wasser-fälle auf die Fassade. Auch tagsüber fasziniert der Büroturm durch einen Wandel der Farbe. Der Grund: Seine Außenhaut besteht aus rund 56 000 verschiedenfarbigen, unterschiedlich ausgerichte-ten Glasplatten. Mit jeder Veränderung des Son-nenlichts gibt es deshalb neue Farbreflexe. Die doppelte Außenhülle erfüllt aber nicht nur ästheti-sche Zwecke: Sie lässt Luft zirkulieren und kühlt auf natürliche Weise. Sie bildet einen Außengang, von dem aus die wegen der Hitze nach innen geleg-ten Büros zu erreichen sind. Auftraggeber waren die Wasserwerke der Stadt, denen der Entwurf des französischen Architekten Jean Nouvel auch wegen seiner »arquitectura bioclimática« gefiel.

Futuristisch in Form und Farbe bildet die Torre Agbar einen zentralen Anziehungspunkt im Osten der Stadt, unmittelbar an der Plaça de les Glòries gelegen. Aus der Ferne betrachtet, wirkt die oszillierende Oberfläche wie eine Flüssigkeit. Rund 56 000 Lamellen aus Glas (links) bilden die »Außenhaut«. Für den Bau des 2004 fertiggestellten Bürokomplexes wurden nur umweltfreundliche Baustoffe verwendet.

DESIGNRESTAURANTS

In Barcelona, der Stadt der Künstler und der Gourmets, legen ausgewählte Restaurants auch auf das Ambiente allergrößten Wert. So das Restaurant Moo im Erdgeschoss des Designhotels Omm, das ausgeflipptes Interieur mit einem Michelin-Stern kombiniert. Die Spezialität des von den Roca-Brüdern beaufsichtigten und von Felip Llofriu geführten Lokals sind die perfekt passenden Weine. Einfach, dabei aber edel wirkt auch das Restaurant Agua im Stadtviertel Barceloneta, das zur Gruppe »Tragaluz« gehört, die geschmackvolles Design mit gehobener Gastronomie verbindet. Dem Gast des Restaurants im Fünfsternehotel La Florida wird die Stadt zu Füßen gelegt, denn das Grandhotel im toskanischen Villenstil steht hoch oben auf dem Tibidabo. Sein Restaurant L'Orangerie besticht mit einer großen Terrasse und Panoramafenstern. Von den Designern Dale und Patricia Keller wurden bei der Renovierung Elemente der 1920er-Jahre integriert. Die Küche ist katalanisch-modern mit ausgefallenen Süßspeisenkreationen. Ibiza-Feeling entsteht bei den Gästen des Escribà »Xiringuito de Bogatell«, die unter Palmdächern den Blick aufs Meer genießen und hier Paella und Fischgerichte serviert bekommen. Eher von den Siebzigern inspiriert ist dagegen das Restaurant Comerç 24, das für seine erstklassigen Luxus-Tapas bekannt ist.

DESIGNRESTAURANTS

Die Restaurants Moo (großes Bild) und L'Orange-rie (rechte Bildleiste, 2. Bild von oben) warten mit ausgefallenem Interieur auf. Im Innern des Restaurants Agua (links unten) fühlt sich der Besucher nach Afrika versetzt. Im coolen Lounge-Stil oder im 70er-Jahre-Ambiente des Comerç 24 (ganz unten) können Anhänger geho-bener Küche dinieren. Im Escribà (ganz links) genießt man den Meerblick.

MONTJUÏC

Der rund 200 Meter hohe Berg gilt als ältestes Siedlungsgebiet der Stadt. Ob der Name von einem römischen Jupitertempel (Mons Jovis) oder von einem jüdischen Friedhof (»Berg der Juden«) stammt, ist nicht eindeutig geklärt. Bis zum Ende des 19. Jahrhunderts wurde der Hausberg Barcelo-nas landwirtschaftlich genutzt, teils diente er auch als militärische Befestigungsanlage. Seit der Welt-ausstellung von 1929 ist der Berg ein Ausflugsziel. Paläste, darunter der Palau Nacional, wurden hier errichtet. Im Zuge der Olympischen Spiele 1992 wurde der Montjuïc zum Park umgestaltet.

Vom Palau Nacional, am Fuß des Montjuïc gelegen, blickt man auf die Font Màgica, den magischen Brunnen – ein sprühendes Gesamtkunstwerk aus Wasser, Musik und Farben. Dahinter erheben sich die beiden venezianischen Türme an der stets belebten Plaça d'Espanya.

PLAÇA D'ESPANYA

Der ehemalige Hinrichtungsplatz ist einer der wichtigsten Verkehrsknotenpunkte der Millionenstadt. Aus sechs verschiedenen Richtungen ergießen sich breite Ausfallstraßen in die Ringstraße um den Platz mit dem Nobelhotel Catalonia Barcelona Plaza und den zwei venezianischen Türmen. Für die 47 Meter hohen Backsteintürme hatte sich der spanische Architekt Ramon Raventós den Campanile des Markusplatzes in Venedig zum Vorbild genommen. Sie wiesen 1929 den Eingang zur Weltausstellung. Den Türmen gegenüber befindet sich eine Backsteinrotunde im maurischen Mudejarstil. In der ehemaligen Stierkampfarena traten 1966 die Beatles auf, jetzt wird sie als nobles Einkaufszentrum genutzt. In der Mitte des Platzes steht der Jugendstilbrunnen »des Gott geweihten Spaniens«. Josep Maria Jujol, ein Schüler Gaudís, hat ihn 1929 zur Weltausstellung entworfen.

Durch die Weltausstellung von 1929 geriet Barcelona verstärkt in den Blickpunkt der Weltöffentlichkeit. Durch die Plaça d'Espanya mit ihren venezianischen Türmen und dem Brunnen »des Gott geweihten Spaniens« (links, großes Bild) war ein eindrucksvoller Eingang zur Weltausstellung gelungen. Die Figuren des Brunnens symbolisieren die Flüsse und Meere Spaniens. Nachts wird der Brunnen erleuchtet.

WELTAUSSTELLUNG 1929

Trotz der Militärdiktatur Primo de Riveras oder auch gerade wegen des Geltungsstrebens des Diktators konnte Barcelona 1929 wieder eine Weltausstellung organisieren. Es wurde das Parkgelände am Abhang des Montjuïc mit Panoramablick über die Stadt gewählt. Als Hauptpavillon und Wahrzeichen wurde der Palau Nacional errichtet. Seine historisierenden Formen und gigantischen Ausmaße sollten im Sinne des Diktators die Größe Spaniens zeigen. Dieser Stachel im Fleisch aller separatistischen Wünsche der Katalanen konnte jedoch schon 1934 zu einem Museum katalanischer Kunst, dem Museu Nacional d'Art de Catalunya, umfunktioniert werden. Den Haupteingang zum Ausstellungsareal bildeten die Backsteintürme »Torres Venecianes«. Dann folgten die Hallen der spanischen und ausländischen Industrie und der einzelnen Länder. Präsentiert wurden hier die neuesten Errungenschaften der Zeit sowie spanische Kunstwerke. Die meisten dieser Pavillons und Paläste huldigten in ihren Formen einem auch damals schon überholten Historismus. Im Gegensatz dazu ist der deutsche Pavillon von Mies van der Rohe zu einer Ikone des Neuen Bauens geworden. Auch das Architekturpanoptikum des Poble Espanyol mit seinem Überblick über die spanische Baukunst wurde im Jahr 1929 zur Weltausstellung aufgebaut.

EXPOSICION GENERAL ESPAÑOLA SEVILLA BARCELONA

Ein Plakat wirbt zur Partnerveranstaltung der iberoamerikanischen Ausstellung in Barcelona (unten links). In eine Aureole von Lichtstrahlen getaucht, verkörpert der Palau Nacional das herrschaftliche Spanien (links und großes Bild). Der Palast als größtes Gebäude der Weltausstellung wurde von den katalanischen Architekten Enric Català und Pedro Cendoya im historisierenden Stil des 19. Jahrhunderts errichtet.

PALAU NACIONAL

Der Palast wurde als Hauptpavillon für die Weltausstellung des Jahres 1929 erbaut. In seiner Anlage entspricht er einem neobarocken Schloss, die
einzelnen Gestaltungselemente weisen dagegen
ein eklektizistisches Stilgemisch auf. Die Freitreppe
und die riesige Kuppel unterstreichen das natürlich
immer mit solchen Ausstellungsunternehmen ver-
bundene Selbstdarstellungsbedürfnis der Gastge-
bernation. Das unter dem spanischen Diktator Ge-

neral Miguel Primo de Rivera errichtete Gebäude
sollte aber auch – entgegen den katalanischen Se-
parationswünschen – zu einem Nationaldenkmal
des Landes werden. Seit dem Jahr 1934 beherbergt
der Palast jedoch das katalanische Nationalmu-
seum. Nach Neuordnungen der Bestände wurde
auch das Innere 1987 bis 1995 durch die Italienerin
Gae Aulenti und den Spanier Enric Steegmann
einer modernen Umgestaltung unterzogen.

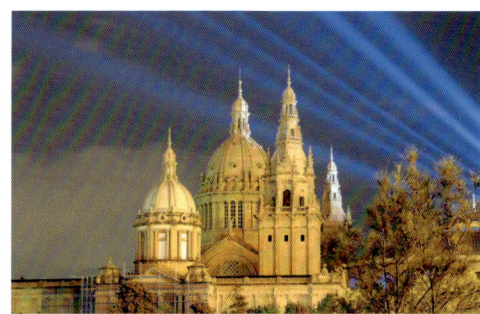

Von außen bewahrt der Palau Nacional den Charakter eines Schlosses (Bilder links), im Innern wird dagegen die Umwidmung des Gebäudes zur modernen Museumslandschaft sichtbar. Überwältigend ist der Blick in die reich mit Gemälden ausgestattete Kuppel des Palasts (unten). Großes Bild: Der rund 5000 Quadratmeter große Festsaal befindet sich unter der Kuppel. Etwa 20 000 Menschen finden darin Platz.

MUSEU NACIONAL D'ART DE CATALUNYA

Ein Besuch des Nationalmuseums der Künste Kataloniens, das seit seiner Gründung im Jahr 1990 im Palau Nacional residiert, vermittelt einen umfassenden Einblick in die Geschichte der Kunst dieser Region, von der Romanik bis hin zur Kunst der Moderne. Die Romaniksammlung, bestehend aus Originalfresken des 12. und 13. Jahrhunderts, die aus kleineren Kirchen im Umland stammen, gehört zu den bedeutendsten weltweit. Skulpturen und Gemälde aus der Zeit der Gotik sowie Werke der großen spanischen Meister der Renaissance- und Barockmalerei wie El Greco, Velázquez, aber auch Goya sind ebenfalls Teil der ständigen Ausstellung. Bedeutende Werke der Privatsammlung Thyssen-Bornemisza sowie eine umfassende Präsentation der modernen Kunst Kataloniens, darunter Modernisme und Noucentisme, vollenden den Rundgang durch nahezu 1000 Jahre Kunstgeschichte.

Zu den Schätzen des überwiegend der katalanischen Kunst gewidmeten Museums zählen die aus kleineren Kirchen in den Pyrenäen hierher übertragenen romanischen Fresken (Bild links), aber auch spanische und internationale Werke vom Mittelalter bis in die Moderne (großes Bild), wie etwa die Darstellung des Apostels Paulus von Velázquez (ganz unten) oder das Porträt Marie-Thérèse Walters von Picasso (unten).

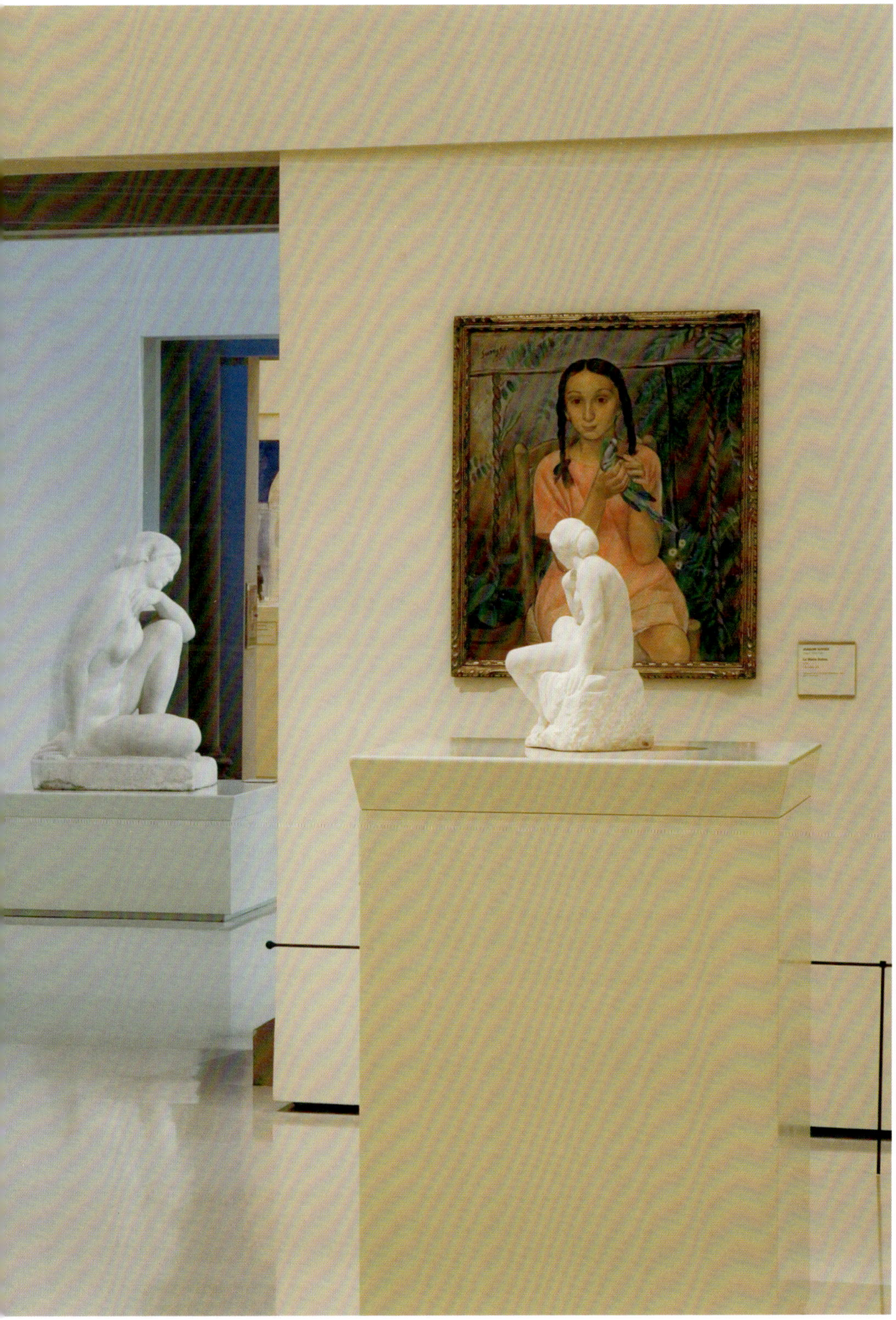

DEUTSCHER PAVILLON

Der zu den Schlüsselwerken der Klassischen Moderne zählende Bau entstand 1929 anlässlich der Weltausstellung. Ludwig Mies van der Rohe, ab 1930 letzter Bauhausdirektor in Dessau, errichtete ihn im Auftrag der Weimarer Republik als Empfangsgebäude für das spanische Königspaar. Wie für Weltausstellungsgebäude üblich, wurde der Pavillon nach dem Ende der Schau wieder abgetragen. Zum 100. Geburtstag von Mies van der Rohe im Jahr 1986 rekonstruierte man ihn originalgetreu. Große Wandscheiben, dünne Stützen und das Flachdach zeigen die abstrakte Formensprache des internationalen Stils. Im Innern besticht der Bau – gemäß Mies van der Rohes Devise »weniger ist mehr« – durch elegante Schlichtheit und kostbare Materialien, wie eine polierte Onyxwand. Zur Möblierung entwarf der Architekt den Barcelona-Sessel – bis heute ein Klassiker modernen Designs.

Gemäß den Grundsätzen der Moderne verzichtete Mies van der Rohe auf Ornamente, gestaltete freie Grundrisse und arbeitete mit der Wirkung von edlen Materialien. Allein die sich im Wasserbassin spiegelnde Statue von Georg Kolbe (heute eine Bronzekopie, unten) durfte schmückende Ergänzung sein. Beim Entwurf der Sessel entschied sich van der Rohe, aufwendig herzustellende Flachstahlbänder zu verwenden (links).

POBLE ESPANYOL

Auch dieses Ensemble mit seinen über 100 Gebäuden wurde für die Weltausstellung von 1929 errichtet. Es sollte anschließend wieder abgetragen werden, erfreute sich jedoch bei der Bevölkerung so regen Zuspruchs, dass sich die Stadt für den Erhalt entschied. Auch heute noch ist das Poble Espanyol eine der Hauptattraktionen für Touristen. Die als spanisches Dorf konzipierte Anlage vereint in unterschiedlichen Vierteln verkleinerte, aber detailgetreue Nachbildungen von Bauwerken, die typisch für die jeweiligen regionalen Architekturstile des Landes sind. Umschlossen wird das Ganze wie eine mittelalterliche Stadt von einer Mauer. Im Innern werden traditionelle spanische Handwerkskünste, aber auch Volksbräuche gezeigt und sogar eine Flamenco-Show dargeboten. Geschäfte bieten Kunsthandwerk und anderes feil, Restaurants und Bars sorgen für das leibliche Wohl der Besucher.

Traditionelle spanische Architektur, kleine Gässchen, hübsche Plätze und landestypische Lokale und Handwerksbetriebe laden abseits des Großstadtverkehrs zum Schlendern und Verweilen ein (links). Auf einem Spaziergang durchs Poble Espanyol kann man die Gestaltungsformen sämtlicher spanischer Baustile kennenlernen. Ein Erlebnis sind die Flamenco-Shows im Tablao de Carmen (großes Bild).

CAIXAFORUM

In der ehemaligen, lange leer stehenden Textilfabrik Casaramona, einem schönen Ziegel- und Gusseisenbau des Modernisme von Josep Puig i Cadafalch, wurde 2002 nach umfangreichen Restaurierungs- und Erweiterungsmaßnahmen ein Kunst- und Kulturzentrum der Sparkassensozialstiftung La Caixa eröffnet. Den eleganten Anbau mit dem neuen Eingangsbereich, ein Untergeschoss und einen Vortragssaal schuf der japanische Architekt Arata Isozaki. Mit über 800 Werken der Gegenwartskunst im Besitz der Stiftung verfügt Barcelona so neben dem Museum für zeitgenössische Kunst über ein zweites international orientiertes Areal für die Kunst der letzten Jahrzehnte, das zu den bedeutendsten in Europa gehört. So kann man sich hier mit Werken von Joseph Beuys, Julian Schnabel, Tony Cragg oder Jannis Kounellis, um nur einige zu nennen, auseinandersetzen.

CAIXAFORUM

Glas und Stahl, Licht und Schatten sowie geo-
metrische Grundformen bestimmen die luftige
Konstruktion des neuen Eingangs zum Caixa-
Forum von Arata Isozaki (ganz links). Im Innern
(großes Bild) kann man aktuelle internationale
Künstler und großartige Kunstwerke aus der
zweiten Hälfte des 20. Jahrhunderts sowie in
Sonderausstellungen auch Werke von der
Antike bis zur Gegenwart (links) betrachten.

JOAN MIRÓ

Der Künstler, 1893 in Montroig bei Barcelona geboren, war als Maler, Grafiker, Bildhauer und Keramiker tätig. Inspirieren ließ er sich von der Volkskunst Kataloniens ebenso wie von Kubismus und Surrealismus. Nach seiner Ausbildung an der Reial Acadèmia Catalana de Belles Arts de Sant Jordi in Barcelona holte er sich wesentliche Anregungen in Paris im Kontakt mit Picasso und den Surrealisten. Seine Arbeiten lösten sich vom Gegenständlichen, doch verwendete Miró eine symbolhafte Zeichensprache und spielte mit freien, oft schwebenden Formen. Wiederkehrende Elemente in seinem Werk sind die Formen für Auge, Frau, Vogel oder Mond. Wie auch viele andere seiner Zeitgenossen ging es ihm um eine Erneuerung des künstlerischen Ausdrucks. Er rebellierte gegen traditionelle bürgerliche Kunstvorstellungen und die Kommerzialisierung von Kunst und sprach von der sogenannten »Ermordung der Malerei«. Sein Werk besitzt eine starke, überzeugende poetische Strahlkraft und große farbliche Suggestion. Miró, der ab 1956 in Palma de Mallorca lebte, starb dort im Jahr 1983. Das Gebäude des von ihm gestifteten Museums mit Skulpturenpark und einem Zentrum für moderne Kunst, die Fundació Joan Miró in Barcelona, wurde von 1972 bis 1975 von dem Architekten Josep Lluís Sert auf dem Montjuïc errichtet.

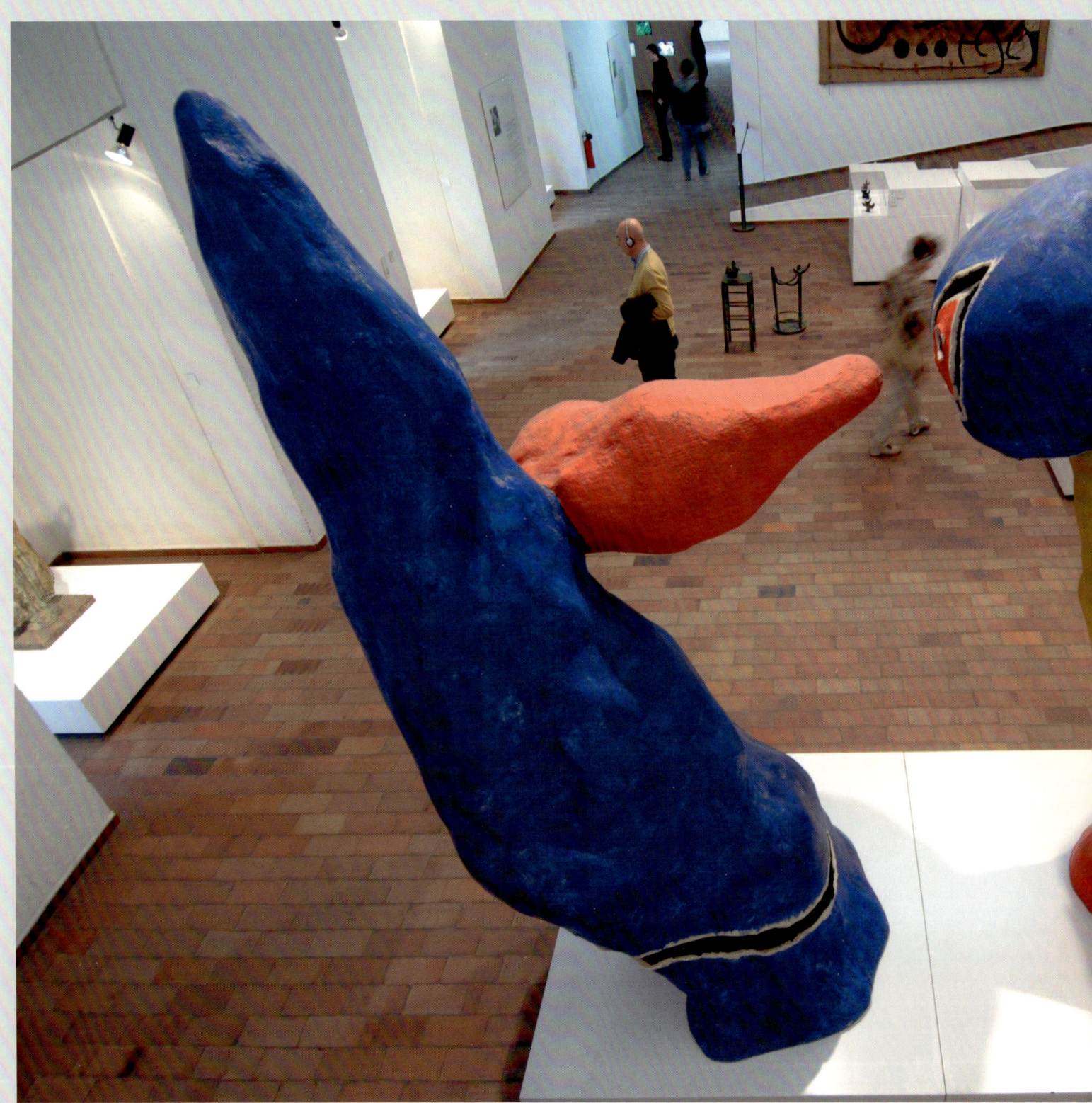

Miró war nicht nur Maler, sondern auch Bildhauer, und so kann man in der Fundació Joan Miró im Parc de Montjuïc auch Skulpturen des Meisters besichtigen. Die Plastik »Spielendes Paar mit Mandelblüte« beherrscht den lichtdurchfluteten Saal des Museums (großes Bild). Auch die Terrasse ist mit Mirós Exponaten bestückt (links). Unten: ein von Miró gestalteter Wandteppich im Museum.

GÄRTEN UND PARKS

Barcelona besitzt eine Fülle von Parks und Gärten unterschiedlichsten Stils. Vor allem ab 1980 wurden als städtebauliche Verbesserungsmaßnahmen zahlreiche neue Parks angelegt. Bürgerinitiativen und der umsichtige städtische Planungsdirektor Oriol Bohigas konnten so einen wesentlichen Beitrag zur Steigerung der Wohnqualität und zur Beseitigung mancher städtebaulicher Sünden beitragen. Unter den vielen, oft bestimmten Pflanzen gewidmeten Parks findet sich auch die aus dem 18. Jahrhundert stammende labyrinthische Anlage des Parc del Laberint mit herrlichen Zypressen, aber auch postmoderne Gestaltungen und sogar dekonstruktivistisch angehauchte Anlagen, wie der ab 1999 über einem dreieckigen Rastersystem angelegte Jardí Botánic, den Carlos Ferrater entwarf. Wer es gern nostalgisch mag, kommt im Parc de la Ciutadella, errichtet 1888 zur ersten Weltausstellung der Stadt, mit Wasserfall und Glashäusern, auf seine Kosten. Wer es lieber etwas bunter möchte, besuche den Parc de l'Espanya Industrial, mit dem 1985 das Areal einer alten Textilfabrik in ein Erholungsgelände mit Kanälen und einem See umgewandelt wurde. Hier finden sich auch Werke moderner Künstler. Liebhaber von Miró werden im Parc de Joan Miró fündig, Gaudí-Freunde finden im Parc Güell ein fantastisches Ambiente.

Im Stadtteil Sants erstreckt sich der Parc de l'Espanya Industrial mit Tribünen, einem See, einer Metallskulptur von Andrés Nagel, genannt »Der Drache des heiligen Georg«, und auffälligen Leucht- oder Wachtürmen als eine futuristisch-technoide Erholungslandschaft (großes Bild). Der Aufgang zum Parc de Joan Miró mit blütenumrankten Pfeilern verbirgt dagegen die Geheimnisse seines Innern (links).

OLYMPISCHE ANLAGE

Bereits 1927 wurde auf dem Montjuïc ein großes Stadion errichtet. Zu den 25. Olympischen Sommerspielen 1992 wurde es umgebaut und erweitert, doch blieb die alte Fassade weitgehend erhalten. Heute trägt das Stadion den Namen Estadi Olímpic Lluís Companys und ist die Heimstätte des Clubs Espanyol Barcelona, des spanischen Fußball-Erstligisten und Konkurrenten des FC Barcelona. Außerdem gibt es hier die Galeria Olímpica, ein kleines Museum zur Olympiade 1992 und der Geschichte der Spiele. Unter den weiteren, modernistischeren Bauten, die die Anella Olímpica bilden, sind Werke von Arata Isozaki wie der Palau Sant Jordi, die mittlerweile auch für Konzerte genutzte Sporthalle, zu finden, ferner der zum Wahrzeichen des Montjuïc mutierte Sendemast von Santiago Calatrava, der Sporthochschulbau und die Schwimmstätten des Architekten Ricardo Bofill.

Die japanische Künstlerin Aiko Miyawaki gestaltete die Freifläche zwischen dem Stadion und dem Palau Sant Jordi durch einen Wald von Steinsäulen, aus denen gekurvte Drähte zu wachsen scheinen. Dahinter ragt die in ihrer Form noch ungewöhnlichere Torre Calatrava empor, der Funkmast der Telefónica, alles in nächtlicher Beleuchtung (großes Bild). Links: Es wölbt sich die Kuppel des Palau Sant Jordi.

CASTELL DE MONTJUÏC

Über Jahrhunderte beherrschte diese Befestigungsanlage den Montjuïc und damit auch die Stadt. Ursprünglich 1640 im »Krieg der Schnitter« als kleine Festung errichtet, erhielt das Kastell ab 1751 durch Juan Martín Cermeño seine heutige Form. Viele Jahre diente die Anlage der Madrider Zentralregierung gegen alle separatistischen Tendenzen der Stadt. Von hier wurde Barcelona im Spanischen Erbfolgekrieg unter Beschuss genommen, und hier wurden im Spanischen Bürgerkrieg und während der Franco-Ära politische Gefangene interniert und oft auch exekutiert. Heute ist im Fort ein Militärmuseum untergebracht, in dem man Waffen vom Mittelalter bis heute, Modelle von Befestigungsanlagen, Dioramen historischer Schlachten, Rüstungen, Uniformen, Modelle von Kriegsschiffen und Kampfflugzeugen, aber auch eine Sammlung von Zinnsoldaten betrachten kann.

Der tiefe Graben und die mächtigen Mauern und
Wälle sollten äußere wie innere Feinde gleicher-
maßen abschrecken (großes Bild). Heute sind die
Gänge und Säle des Kastells mit Vitrinen und
Ausstellungsstücken versehen, die Einblick
bieten in die Geschichte von Krieg und Militär
(Bilder unten). Das Wappen über dem Eingang
zur Festung erinnert noch an die Beherrschung
Barcelonas durch das mächtigere Madrid (links).

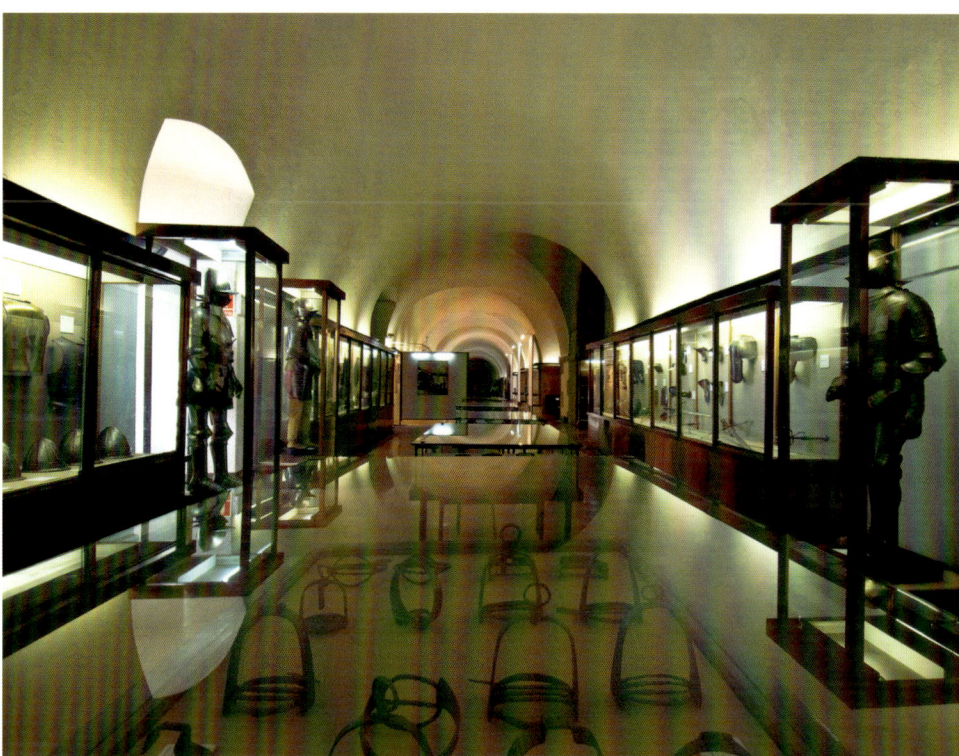

PORT FRANC DE BARCELONA

Barcelona ohne Bummel über den alten Hafen mit seinen Molen und ohne abendliches Flanieren am Jachthafen Port Olímpic hieße, etwas vom mediterranen Flair der Stadt zu verpassen. Wo aber werden die Containerriesen abgefertigt? Besteigt man den Hausberg Montjuïc, erschließt sich einem der Blick auf einen dritten Hafenteil, den Port Franc mit mehreren Hafenbecken, der durch seine Ausdehnung beeindruckt. Bei der Beobachtung, wie sich eine Autobahnbrücke für die Einfahrt eines Fähr- oder Kreuzfahrtschiffes öffnet, wie ein Containerschiff anlegt oder wie die Ladung eines der riesigen Handelsschiffe gelöscht wird, wird nachvollziehbar, dass es sich bei diesem modernen Industriehafen um einen der wichtigsten Spaniens handelt, denn die Einfuhr von Öl, Kohle, Getreide und Baumwolle wird ebenso über See abgewickelt wie der Transport von Spaniens Exportgütern Olivenöl und Kork.

Am Kai des alten Hafens Port Vell liegt das eindrucksvolle Gebäude der Hafenverwaltung (links). Hier legen kleinere Fähren sowie die Schiffe zu den Balearen ab; im Hintergrund sieht man den Port Franc mit seinen Überseefrachtern und Containerschiffen (unten links). Die zur Weltausstellung 1929 konstruierte Seilbahn verbindet den Montjuïc mit der Torre de Sant Sebastià im Stadtteil Barceloneta (unten).

PEDRALBES, TIBIDABO

Zum Rand der Stadt hin erstreckt sich das vornehme Wohnviertel Pedralbes mit seiner alten Klosteranlage, dem königlichen Palast und dem von Antoni Gaudí gestalteten Landhaus Finca Güell. Noch etwas weiter außerhalb verläuft die Serra de Collserola mit dem rund 500 Meter hohen Berg Tibidabo und der geschützten Naturlandschaft, die zu Wanderungen und sportlichen Aktivitäten einlädt. Zwischen diesem Berg und dem Meer erstreckt sich das Stadtgebiet. Frühe Siedlungsspuren beweisen, dass die Menschen von Anfang an die geschützte Lage Barcelonas zu schätzen wussten.

In unmittelbarer Nachbarschaft erstrahlen die gegensätzlichen Attraktionen des Tibidabo: Vor dem Hintergrund der angestrahlten Kirche Sagrat Cor dreht sich das nostalgische Karussell des Vergnügungsparks. Viele der Fahrgeräte stammen noch aus der Gründungszeit.

PALAU REIAL DE PEDRALBES

Auf dem Areal der Finca Güell, eines großen Land-guts, schuf Antoni Gaudí mit dem berühmten Dra-chentor am Eingang und kleineren Pavillons 1884 seine ersten Werke für seinen Gönner Eusebi Güell. Zum weiteren Ausbau kam es jedoch nicht mehr. In den 1920er-Jahren vermachte Güell das alte Her-renhaus nach einem grundlegenden Umbau in neo-klassizistischen Formen dem spanischen König als Residenz. Oft wurde sie als solche freilich nicht benutzt, denn General Franco übernahm die Macht. Heute beherbergt der Palast zwei Museen – für Ke-ramik und angewandte Kunst. Im Ersteren sind auch keramische Arbeiten von Miró und Picasso zu bewundern. Das übrige Gelände gehört mittlerwei-le zum neuen Universitätsviertel. In einem der Gau-dí-Gebäude befindet sich ein Forschungsinstitut zum Werk des berühmten barcelonischen Architek-ten – der sogenannte Gaudí-Lehrstuhl.

Klassische Säulen schmücken den Palast. Die Seitenflügel sind in eher barocker Weise in einer konkaven Form angefügt (links). Der Bau weist verschiedene historisierende Stilkomponenten auf und spiegelt sich effektvoll im davorliegenden Wasserbassin. Mit neobarocken Formen glänzt der Thronsaal im Innern des Palasts. Ein Lüster unterstreicht den üppigen Wand- und Deckenschmuck (großes Bild).

MONESTIR DE PEDRALBES

Die in der Formensprache der katalanischen Gotik errichtete Klosteranlage geht auf eine Gründung durch Elisenda da Montcada im Jahr 1326 zurück. Die vierte Frau von König Jaume II. übereignete das königliche Frauenkloster dem Klarissenorden und zog sich dorthin auch zurück, als sie Witwe wurde. Nach ihrem Tod fand sie in der schlichten Kirche des Klosters in einem Alabastersarg ihre letzte Ruhestätte. Die wenigen Schwestern, die heute noch hier leben, haben mittlerweile ein Nebengebäude bezogen. So steht das Kloster mit seinem schönen Kreuzgang, bedeutenden Kapellen und Räumlichkeiten zur Besichtigung offen. Zu den besonderen Kostbarkeiten des Klosters gehören in der Capella de Sant Miquel die Fresken mit Szenen aus dem Marienleben und der Passion Jesu Christi (1343 bis 1346), die Ferrer Bassa zugeschrieben werden, einem Nachfolger Giottos.

Traditionell sind um den Kreuzgang die Hauptäume eines Klosters angeordnet. Hier finden sich Kapitelsaal, Refektorium, Dormitorium, der Brunnen und die Küche (ganz links). Eher selten ist dabei ein so aufwendiger dreigeschossiger Aufbau wie hier in Pedralbes mit den schönen Spitzbogenarkaden (großes Bild). Links: Gemälde aus der Thyssen-Bornemisza-Sammlung sind im Museum des Klosters ausgestellt.

KLEINE MUSEEN UND SAMMLUNGEN

Barcelona besitzt eine reiche und vielfältige Museumslandschaft. Die Lust am Betrachten ist hier wirklich gefragt. Neben den großen Kunstmuseen, dem Schifffahrtsmuseum und dem Wissenschaftsmuseum gibt es eine Unmenge kleiner Spezialsammlungen. Das Spektrum reicht vom Museu del Claveguera, das der Kanalisation der Stadt gewidmet ist, bis zum Fußballmuseum des FC Barcelona. Schokoladenliebhabern werden im Museu de la Xocolata die Augen übergehen. Im Museu del Calçat Antic kann man die Entwicklung des Schuhmacherhandwerks von der Römerzeit an studieren und Schuhe aus vielen Ländern und Epochen bewundern. Wertvolle Flakons und edle Düfte erfreuen im Parfümmuseum den Besucher, schöne Stoffe gibt es im Textilmuseum, dem Museu Tèxtil i d'Indumentària im Palau Reial de Pedralbes zu sehen. Natürlich gibt es auch ein Wachsfigurenkabinett sowie ein ethnografisches, ein ägyptisches, ein holografisches und ein zoologisches Museum. Auch der Medizin, dem Sport, dem Stierkampf und dem Militär sind eigene Sammlungen gewidmet. Alte Spielautomaten werden am Tibidabo gezeigt, Musikinstrumente im Museu de la Música. Wer einen Hang zum Makabren hat, besuche das Museu de Carosses Fúnebres, in dem traditionelle Leichenwagen ausgestellt sind.

Flakons aller Arten zeigt das Museu del Perfum (links) auf dem Passeig de Gràcia. Schuhe aus allen Epochen bewahrt das Museu del Calçat Antic, das in einem Renaissancepalast an der Plaça Felip Neri residiert (großes Bild). Fanartikel berühmter Spieler kann man im Museu del Futbol Club Barcelona bewundern (unten). Repräsentativ ist die Geschichte des Vereins vom Beginn bis zur Gegenwart ausgestellt.

TIBIDABO

Der Name der höchsten Erhebung des Bergrückens am nordöstlichen Rand der Stadt kommt aus dem Lateinischen und bedeutet »Ich werde dir geben«. Er bezieht sich auf die Versuchungen Jesu durch den Teufel. Einer Legende nach soll sich hier auf diesem Berg eine Begegnung zwischen Jesus und dem Teufel zugetragen haben, bei der Jesus alle Reiche der Welt versprochen werden sollten, wenn er den Teufel anbete. Tatsächlich ist der Blick über Stadt und Land überwältigend und könnte Begehrlichkeiten erwecken. Um hinaufzukommen, bietet sich die Tramvia Blau und daran anschließend eine Fahrt mit der Standseilbahn an. Oben erwarten einen nicht nur eine schöne Aussicht, sondern auch die Wallfahrtskirche Sagrat Cor (zum Heiligen Herzen Jesu) mit der Christusstatue auf der Spitze und ein altmodischer Vergnügungspark mit einem Museum für Spielautomaten.

Der Parc d'Atraccions auf dem Tibidabo bietet alles, was zu einem nostalgischen Rummelplatz gehört. Außerdem hat man von hier oben einen atemberaubenden Blick auf Barcelona. Wer's aufregender haben möchte, kann sich dem freien Fall der moderneren Fahrgeschäfte überlassen (links). Das berühmte »rote Flugzeug« wurde einst allen empfohlen, denen eine erste Flugreise bevorstand (großes Bild).

TEMPLE EXPIATORI DEL SAGRAT COR

Auf dem Gipfel des Tibidabo erhebt sich, weithin sichtbar, die weiße »Herz-Jesu-Sühnekirche« (katalanisch: Temple Expiatori del Sagrat Cor) des Architekten Enric Sagnier i Villavecchia. Von der Spitze des Hauptturms aus wacht ein über sieben Meter großer bronzener Christus mit ausgebreiteten Armen über die Stadt. Die Statue stammt von Josep Miret und ersetzt die Christusfigur, die 1936 im Spanischen Bürgerkrieg zerstört wurde. Zwischen 1902 und 1911 wurde aus grauem Stein zunächst die Krypta im neobyzantinisch-neoromanischen Stil erbaut, deren Mauerwerk und Gewölbe im Innern reich mit Alabaster und Mosaik verziert sind. Über dieser erhebt sich die neugotische Basilika mit farbigen Glasfenstern, Rosetten und der umlaufenden Terrasse. Die fünf spitzen Türme wurden erst im Jahr 1961 von Josep Maria Sagnier i Vidal, dem Sohn des Architekten, vollendet.

TEMPLE EXPIATORI DEL SAGRAT COR

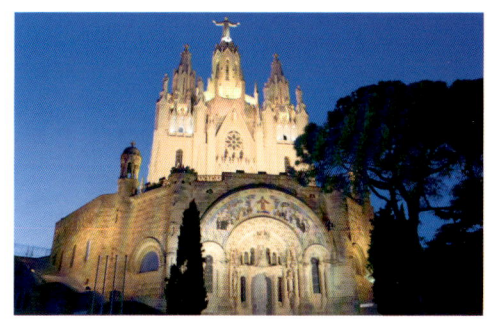

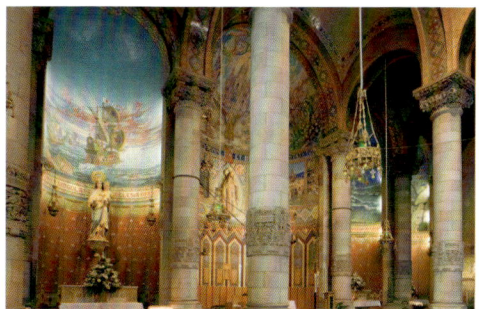

Auf dem Tibidabo thront als Wahrzeichen der Stadt eine monumentale Christusstatue (ganz links), die mit ausgebreiteten Armen über die Stadt aufs Meer blickt. Die Spitzen der Basilika weisen hinauf zum Himmel, das weiße Gestein gilt als ein Symbol der Reinheit. Die Krypta wurde im neobyzantinischen Stil reich mit Alabasterverzierungen, farbigen Mosaiken und Malereien ausgestattet (links und großes Bild).

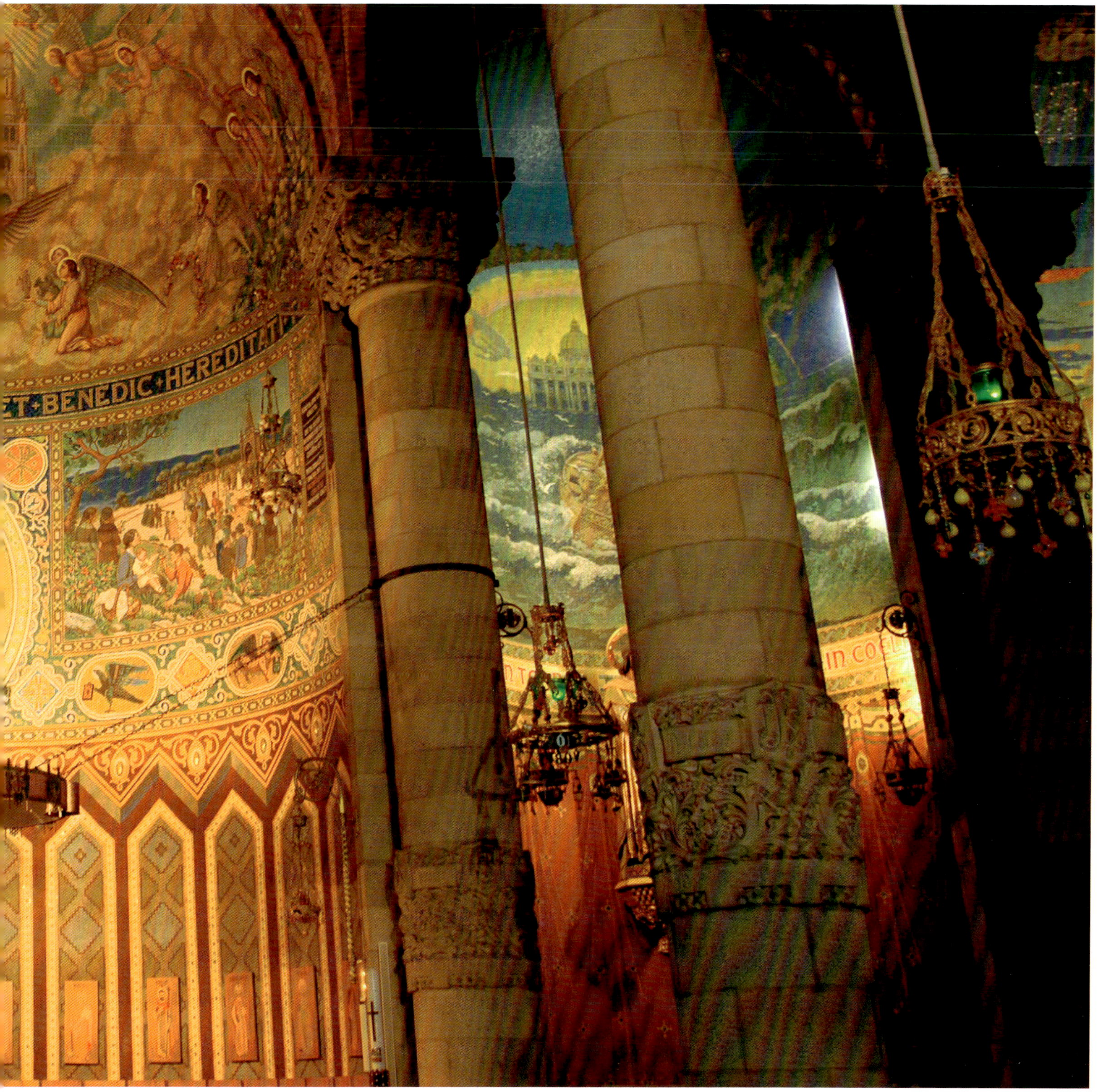

FC BARCELONA

Der FC Barcelona zählt zu den erfolgreichsten Fußballclubs Europas. Aber Barça – wie die Abkürzung des Clubs lautet – ist wirklich seinem Slogan »Més que un club« gemäß mehr als nur ein Verein. Seine Mitgliederzahl beträgt über 160 000. Er gehört zu den größten Wirtschaftsunternehmen Spaniens, unterhält ein Museum, einen Kindergarten, ein Seniorenheim sowie das größte Fußballstadion Europas. Er ist nicht nur tüchtig im Geschäftemachen und in der Selbstvermarktung, sondern unterstützt auch soziale Projekte von UNICEF. Der FC Barcelona wurde 1899 durch den Schweizer Hans Gamper gegründet und avancierte in der Franco-Zeit zu einem Symbol des Widerstands und des katalanischen Nationalstolzes. Die Vereinsfarben Blau und Rot dienten der Bevölkerung Barcelonas damals als Ersatz für die verbotene katalanische Flagge. Geschlossen stand der Verein aufseiten der Demokratie. Barça-Präsident Josep Sunyol wurde von Franco-Anhängern hingerichtet, andere Mitglieder mundtot gemacht. Bis heute ist diese Vergangenheit nicht vergessen. Der alte Wunsch der Katalanen nach Unabhängigkeit von Madrid kommt gerade bei Spielen immer wieder zum Ausdruck. Erzfeind Nummer eins ist immer noch Real Madrid, Nummer zwei Espanyol Barcelona, der von nicht-katalanischen Spaniern gegründet wurde.

Das Camp Nou ist für die gute Sicht auf das Spielfeld berühmt (ganz links). Bei einem Sieg gegen Real Madrid jubeln Fans nicht nur für ihren Club, sondern auch für ein unabhängiges Katalonien (großes Bild und links). Der Argentinier Lionel Messi, der auf Kosten des Clubs als Jugendlicher gegen seine Wachstumsstörungen behandelt wurde, ist 2009–2012 sowie 2015 zum Weltfußballer gekürt worden (unten links).

COSMOCAIXA

Auf über 30 000 Quadratmetern bietet das erst im Jahr 2005 in einem modernistischen Fabrikgebäude mit neuem Anbau eröffnete und nach jüngsten museumspädagogischen Ansätzen eingerichtete Wissenschaftsmuseum der Sparkassensozialstiftung einen Einblick in die Welt von Technik, Geologie, Physik und Chemie. Alles ist interaktiv aufbereitet. Die Besucher können nach Herzenslust experimentieren. Ein tropisches Gewächshaus mit echten Regenfällen findet sich genauso im Besichtigungsprogramm wie anschauliche Erläuterungen zur Entstehung von Materie, Vulkanen, Windhosen oder Meereswellen. Aber auch Akustik und Optik sind mit eigenen Abteilungen vertreten. Man kann ein foucaultsches Pendel, das zum Nachweis der Erdumdrehung diente, sehen, im Planetarium die Konstellationen der Planeten beobachten oder die wechselnden Ausstellungen besuchen.

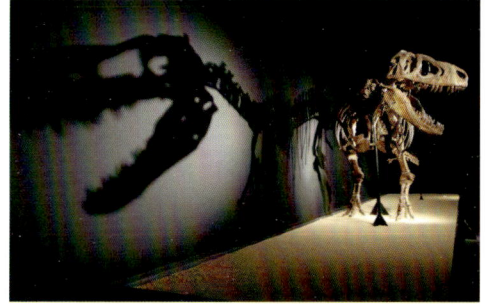

Eine spiralförmige Rampe, die um einen tropischen Baum aus dem Amazonasgebiet angelegt ist, führt bis ins fünfte Untergeschoss (großes Bild). Wechselnde Ausstellungen informieren die Besucher des CosmoCaixa-Zentrums zu verschiedensten wissenschaftlichen Themen. Dinosaurierskelette (Bilder links) und Nachbildungen von Hominiden (unten) geben Einblicke in die Urzeit und den Beginn der Menschheitsentwicklung.

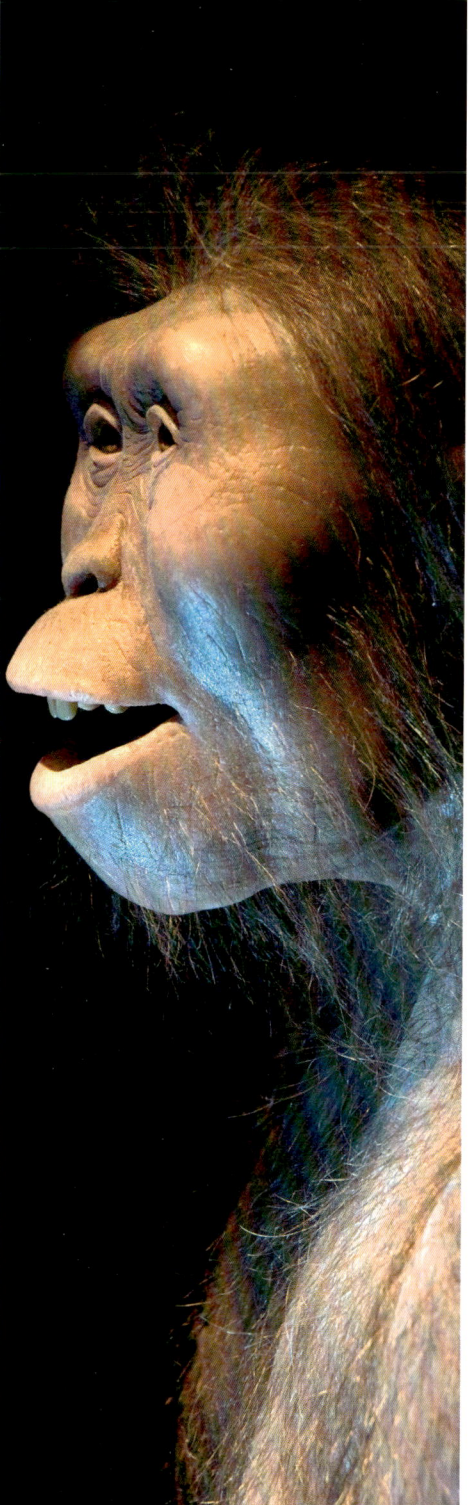

RUND UM BARCELONA

Die Gegend um Barcelona bietet eine Reihe attraktiver Ausflugsmöglichkeiten. In kurzer Zeit erreicht man die einsamen Berge von Montserrat mit dem gleichnamigen Kloster oder die Naturparadiese von Montseny und Sant Llorenç. Dem schnellen Takt der Hauptstadt entkommt auch, wer entlang der Costa Daurada bis nach Sitges fährt. Sandstrände und Cafés versprechen Erholung pur. Für Gaudí-Liebhaber ist dagegen die Colònia Güell in Santa Coloma de Cervelló einen Besuch wert.

Eindrucksvoll liegt das auf einer Felsterrasse errichtete Kloster Montserrat an den Hängen des gleichnamigen Gebirges. Schmale Pfade und beschilderte Wanderwege führen von dort aus in die Berge und zu abgeschiedenen Einsiedeleien.

PARC NATURAL DEL MONTSENY

Rund 40 Kilometer nordwestlich von Barcelona erstreckt sich über knapp 500 Quadratkilometer das Naturschutzgebiet des Montseny. Bereits 1978 wurde der Park als Biosphärenreservat ausgewiesen. Der Höhenzug umschließt das Tal des Flusses Tordera von drei Seiten. Die höchsten Erhebungen sind die drei mit rund 1700 Metern fast gleich hohen Berge Turó de l'Home, Les Agudes und Matagalls. Im Montseny kann man mehrere Klima- und Vegetationszonen an einem Tag durchqueren – die des Mittelmeerraums und Zentraleuropas. Doch der Park ist nicht nur wegen seiner vielfältigen Flora und Fauna ein lohnendes Ausflugsziel, sondern er bewahrt auch architektonische Zeugnisse früher Besiedlung: Von den Dolmen der Serra de l'Arca aus dem späten Neolithikum über romanische Kirchen und Bauernhäuser bietet der Park dem Besucher die Möglichkeit einer spannenden Zeitreise.

Spektakuläre Wasserfälle begleiten den Wanderer durch das wilde Naturschutzgebiet des Montseny (großes Bild). Die feuchten Wälder sind ein perfektes Habitat für Feuersalamander (links) und Pyrenäenmolche. Daneben gibt es hier auch Dachse, Gimpel und Schnepfen. In den unterschiedlichen Vegetationszonen gedeihen neben Stein- und Korkeichen auch zahlreiche wilde Orchideenarten (Bilder unten).

PARC NATURAL DE SANT LLORENÇ

Als Teil des katalanischen Küstengebirges erstreckt sich der Parc Natural de Sant Llorenç von der nahe gelegenen Kleinstadt Terrassa aus über rund 2000 Quadratkilometer in Richtung Norden. Charakteristisch ist die raue felsige Landschaft dieser Bergregion mit ihren vereinzelt aufragenden Monolithen. Wilde Flüsse und Sturzbäche durchziehen die Gegend und ergießen sich in tiefe Schluchten. Wandern hat im Park eine lange Tradition, und so kann man auf gut beschilderten Pfaden zu verschiedenen Höhlen gelangen oder die beiden rund 1000 Meter hoch gelegenen Gipfel El Montcau und La Mola besteigen und die Aussicht genießen. Auf den Spuren der mittelalterlichen Bewohner der Bergregion gelangt man zu verlassenen Winzerhütten, Wasserrädern und Mühlen. Den Gipfel La Molas krönt das verlassene Kloster Sant Llorenç del Munt, ein Überbleibsel aus der Romanik.

1972 wurde die Region des Sant-Llorenc-del-Munt-Bergmassivs ebenso wie die Obac-Bergregion zum geschützten Gebiet erklärt. In der dicht mit Aleppokiefern und Steineichen bewachsenen Landschaft (großes Bild) stößt man immer wieder auf mittelalterliche Ruinen und Spuren früher Besiedlung (links). Bizarre Sandsteinformationen und einzelne Monolithen prägen den Charakter dieses Naturparks.

MONTSERRAT

Der »zersägte Berg«, wie Montserrat in der wörtlichen Übersetzung heißt, erhebt sich etwa 50 Kilometer nordwestlich von Barcelona und ist mit seiner eindrucksvollen Landschaft und dem auf einer Höhe von 725 Metern gelegenen gleichnamigen Kloster eines der beliebtesten Ausflugsziele der Region. Das Bergmassiv ragt über sanften Hügeln schroff mehrere Hundert Meter in die Höhe. Der höchste Gipfel Sant Jeroni erreicht fast 1240 Meter.

Von hier aus hat man einen herrlichen Blick in die Pyrenäen auf der einen Seite, auf der anderen Seite kann man an klaren Tagen das Meer sehen. Zwischen den zerklüfteten Felsen führen alte Pfade zunächst durch Pinienwälder, weiter oben dann zwischen steilen Felswänden hindurch zum Beispiel an der Gorra Frígia (phrygische Mütze) vorbei zur Ermita Sant Jeroni und über steile Steintreppen wieder hinunter zum Kloster.

Einen Panoramablick über die Pyrenäen genießt, wer die steilen Kuppen der Gipfel Sant Jeroni oder Sant Joan erklimmt. Letzteren erreicht man auch mit der Seilbahn vom nahe gelegenen Kloster Montserrat aus. Am Fuß der bizarr geformten Felsformationen des Montserrat trifft man auf kleinere Bergdörfer und einzelne Gehöfte. Beim Wandern lässt sich diese Gegend am besten erkunden.

BASÌLICA DE MONTSERRAT

Das Benediktinerkloster Montserrat ist der Haupt-wallfahrtsort Kataloniens. Verehrt wird hier die Schwarze Madonna »La Moreneta«, die als Schutz-patronin des Landes gilt. Der Legende nach wurde die Skulptur von einem Schäferjungen in einer Höhle entdeckt. Das gab den Ausschlag für den Bau der kleinen Kapelle Santa Maria, in deren unmittel-barer Nachbarschaft Oliba, Abt von Ripoll und Bischof von Viç, im Jahr 1025 das erste Kloster gründete. Die heutige Statue ist jedoch romani-schen Ursprungs und stammt aus dem 12. Jahr-hundert. In einer grandiosen Felslandschaft liegen die Klostergebäude, die nach der Verwüstung unter Napoleon ab Mitte des 19. Jahrhunderts neu er-richtet wurden. Nur der Kreuzgang ist original go-tisch. Das Kloster war bereits im Mittelalter ein wichtiges geistliches Zentrum, das in der Franco-Zeit zu einem Hauptort des Widerstands wurde.

Eine wilde Felsenlandschaft bildet die Kulisse für das sich harmonisch in die umgebende Natur einfügende Kloster (großes Bild). Beim Eintritt in die Klosterkirche empfängt den Besucher erhabene Ruhe. Architektur und Ausstattung im Innern zeigen den Übergang von der Gotik zur Renaissance (links). 1881 wurde die Schwarze Madonna von Montserrat (unten) von Papst Leo XIII. zur Schutzpatronin Kataloniens erklärt.

PENEDÈS

Ein fruchtig-leichter Parellada oder ein kräftiger Merlot – diesen und diverse andere Genüsse verdanken Weinkenner seit den 1960er-Jahren immer häufiger den als innovativ geltenden Winzern des Penedès, der bedeutendsten und mit 26 000 Hektar größten Weinregion Kataloniens, die sich über die Provinzen Barcelona und Tarragona erstreckt. Die vom Berg Montserrat überragte Landschaft zieht sich von eher schroffen Höhen über liebliche Hügel zu weitläufigen Ebenen in Küstennähe hin. Sie profitiert in den unterschiedlichen Höhenlagen von idealen klimatischen Bedingungen. So gedeiht im Tiefland, in den mittleren Höhenlagen und im sogenannten Alt-Penedès eine große Sortenvielfalt, die vom Weißwein über Cava bis zu edlen Rebsorten feinster Weine reicht. Der Hauptanteil entfällt auf weiße Trauben. 15 der rund 100 Rebsorten sind von der Weinbaubehörde für ein Gütesiegel zugelassen.

Traubenfelder bestimmen die sanft gewellten Hügel eines der berühmtesten Weinanbaugebiete Kataloniens (links). In den tiefen Kellern der Winzer reihen sich Flasche an Flasche (großes Bild). Bis heute sind 15 der rund 100 Rebsorten der Region Penedès von der Weinbaubehörde zugelassen, das Gütesiegel der spanischen Herkunftsbezeichnung »Denominació d'Origen« zu tragen.

CRIPTA DE LA COLÒNIA GÜELL

Auf dem Gelände der Stofffabrik mit angeschlossener Arbeitersiedlung, die Eusebi Güell, Gaudís Freund und Auftraggeber, 1898 in Santa Coloma de Cervelló gegründet hatte, sollte nach den Plänen Gaudís eine Kirche im Stil der späteren Sagrada Família errichtet werden. Einzig in seinen Zeichnungen kann man den genialen Plan heute erahnen. Gebaut wurde jedoch die Krypta, die als eines der Meisterwerke des Architekten gilt. Über zehn Jahre arbeitete Gaudí an ihrem Modell, an dem er die Statik der später bei der Sagrada Família verwendeten Bögen und Pfeiler erprobte. Das Ergebnis ist ein aus Ziegelsteinen und Basaltblöcken errichtetes Gewölbe, getragen von unterschiedlich gestalteten Säulen, das den Charakter einer Höhle vermittelt. Die Bögen laufen strahlenförmig über dem Altar im Zentrum dieses naturnah und archaisch wirkenden Sakralraums zusammen.

Schmuckelemente wie die rosettenförmigen Buntglasfenster sind in das weitgehend unbearbeitete Mauerwerk aus Ziegelsteinen eingesetzt (links und unten). Die Deckenkonstruktion der Krypta setzt sich aus ineinander übergehenden oder im Zentrum zusammenlaufenden Bögen zusammen, getragen von individuell gestalteten Basaltsäulen (großes Bild und ganz links). Mit der Krypta gelang Gaudí ein Meisterwerk.

PARC NATURAL DEL DELTA DEL LLOBREGAT

Die Landschaft des Deltas des Llobregat-Flusses birgt einige Überraschungen: Kaum einer, der beim Anflug auf Barcelona einen Blick auf das Labyrinth aus Wasserwegen werfen kann, vermutet hier ein intaktes Naturschutzgebiet. Aus nächster Nähe aber entfaltet sich vor dem Besucher die überraschend große Artenvielfalt der Mündung des Flusses Llobregat mit seinen Seen und Feuchtgebieten, Küstenwäldern und den unberührten Stränden mit bewachsenen Dünen. Wasservögel wie Silberreiher, Kormorane und Enten lassen sich hier gut beobachten, und im Frühjahr und Sommer sind die Sumpfgebiete voller Watvögel, denn das Delta liegt an der Route der Zugvögel, die von Europa nach Afrika ziehen. Auch seltene Pflanzen sind hier zu entdecken, darunter mehr als 22 verschiedene Orchideenarten. Die bewachsenen Dünen bieten Unterschlupf für die vom Aussterben bedrohten Arten.

Für die zahlreichen im Park lebenden Reiher-arten, darunter auch Silberreiher (links), Grau-reiher (großes Bild) und Kuhreiher (unten), bie-ten die sumpfigen Feuchtgebiete des Flussdeltas geradezu ideale Lebensbedingungen. Auch für einige der hier auf ihrer Wanderschaft nach Süden rastenden Zugvögel sind die Lagunen Oasen inmitten der weitgehend vom Menschen dominierten Küstenlandschaft Kataloniens.

SITGES

Seitdem der Künstler Santiago Rusiñol (1861 bis 1931), einer der bedeutendsten Vertreter des Modernisme und ein Zeitgenosse Picassos, 1891 das Fischerdorf für sich entdeckte, wurde Sitges zum Treffpunkt der künstlerischen Avantgarde. 1909 verwandelte der nordamerikanische Millionär Charles Deering die typischen Fischerhäuschen hinter der Kirche Sant Bartomeu i Santa Tecla in den Palau Maricel. Cau Ferrat diente einst Rusiñol als Atelier, heute sind dort Sammlungen aus der Romanik und Gotik der katalanischen Bildhauerschule zu bewundern. Von der auf einem Felsen liegenden Kirche Sant Bartomeu i Santa Tecla hat man einen herrlichen Blick über die Stadt und ihre Sandstrände. Prachtvolle Häuser im Kolonialstil, erbaut von den Heimkehrern aus den amerikanischen Kolonien, zeugen vom frühen Reichtum des Städtchens an der Costa del Garraf.

Sitges bietet eine Fülle an Attraktionen. Zahlreiche Sandstrände sind von hier aus zu erreichen, und den breiten Stadtstrand kann man in den Morgenstunden ganz für sich allein genießen (links). Eine palmengesäumte Promenade verläuft entlang des Meeres nach beiden Richtungen (unten links). Die Kirche des heiligen Bartholomäus und der heiligen Thekla erhebt sich auf einem Felsen über der Stadt (unten rechts).

COSTA BRAVA

Seinen Namen trägt der 200 Kilometer lange, berühmte Küstenstrich nördlich von Barcelona und Blanes von der oft wild (»brava«) zerklüfteten Landschaft mit ihren steil ins türkisblaue Meer abfallenden Felsen und romantischen Sandbuchten.

Neben fantasielosen Bettenburgen, durch die viele größere Buchten in Betonwüsten verwandelt wurden, haben sich bis heute glücklicherweise auch malerische Fischerdörfer und Hafenstädtchen erhalten, deren Charme noch immer verzaubert.

An der Küstenstraße nach Tossa de Mar neigen knorrige Pinien ihre Kronen über spitze Felsen zum glitzernden Meer. Hier zeigt sich die Costa Brava von ihrer wildromantischen Seite: Schroffe Klippen und idyllische Buchten wechseln sich ab.

TOSSA DE MAR

Der Name dieses Städtchens geht auf die ehemals römische Stadt Turissa zurück, deren Ruinen in einer Ausgrabungsstätte besichtigt werden können. Tossa de Mar hat sich den Charme seiner mehr als 1000-jährigen Geschichte zu bewahren vermocht. Die Altstadt Vila Vella wird vollständig von einer mittelalterlichen Stadtmauer mit sieben noch erhaltenen Wehrtürmen (12.–14. Jahrhundert) eingefasst. Enge Gassen und steile Treppen durchziehen die verwinkelte Altstadt, in der sich heute noch zahlreiche Wohnhäuser sowie der im Stil der Renaissance erbaute Gouverneurspalast befinden. Der Palast beherbergt das Stadtmuseum mit archäologischen Fundstücken sowie Werken von Marc Chagall und anderen Künstlern, die den Ort zu Beginn des 20. Jahrhunderts für sich entdeckten. Eine malerische Küstenstraße führt durch Pinien- und Steineichenwälder nach Sant Feliu de Guíxols.

Der befestigte Teil von Tossa de Mar mit seinen sieben heute noch erhaltenen Wehrtürmen (links) steht unter Denkmalschutz. Auf der Spitze des Hügels kann man die Ruinen der gotischen Kirche besichtigen. Von hier aus sieht man über die Dächer der mittelalterlichen Altstadt auf die Bucht mit dem Sandstrand und der Uferpromenade (großes Bild). »Blaues Paradies« nannte Marc Chagall einst diese Stadt.

PALAMÓS

Aus einem kleinen Fischerort in der Provinz Girona entwickelte sich im Laufe der Jahrhunderte eine Hafenstadt mit dem zweitwichtigsten Fischereihafen Kataloniens, aber auch touristischer Infrastruktur, die die Attraktivität der Kleinstadt vor allem bei Besuchern aus Katalonien erklärt: Anziehungspunkte sind die herrlichen Strände und zahlreiche bauliche Sehenswürdigkeiten, darunter das Castell de Esteve. Diese mittelalterliche Festungsanlage war Ausgangspunkt für den »Königlichen Hafen von Palamós«, den Pedro III., König von Aragón und Graf von Barcelona, dort 1279 anlegen ließ. Es folgten wechselvolle Jahrhunderte der Eroberung und Befestigung, der Zerstörung und des Wiederaufbaus der Hafenstadt, in der noch heute viele Menschen von der Fischerei leben. Das Fischereimuseum in Palamós bringt dem Besucher die Geschichte dieses Wirtschaftszweiges nahe.

Sandstrände und versteckte Buchten (großes Bild) locken im Sommer vor allem Touristen aus Katalonien in die kleine Stadt (links) am Fuß des Gebirges Massís de les Gavarres. Noch heute ist der Fischfang eine der zentralen Einnahmequellen eines Großteils der Bevölkerung. Der Tag wird durch das Startsignal zum Auslaufen der Flotte um sieben Uhr morgens und zur Versteigerung des Fangs am Nachmittag geprägt.

CALELLA DE PALAFRUGELL

Kaum einer der Küstenorte an der touristisch belebten Costa Brava hat sich so viel Ursprünglichkeit bewahrt wie Calella de Palafrugell. Direkt am örtlichen Strand erheben sich die ersten niedrigen weißen Häuschen des ehemaligen Fischerdorfs, in deren Mitte der Kirchturm aufragt. Sitzt man in einer der Strandbars an der Uferpromenade, fällt der Blick aufs Meer und die dümpelnden Boote in der Bucht. Wie durch ein Wunder scheint der Massentourismus das Dorf verschont zu haben. Zu den Sehenswürdigkeiten Calellas gehören der Botanische Garten (Jardí Botànic de Caixa) am Cap Roig mit zahlreichen tropischen und mediterranen Pflanzen und das daneben liegende Schloss. Anlage und Park waren im Jahr 1927 durch Oberst Woevodsky und dessen Ehefrau geplant worden. Traumhafte Buchten zum Baden und Tauchen finden sich auch bei den Orten Llafranc und Tamariú.

CALELLA DE PALAFRUGELL

Still liegt das ehemalige Fischerdorf Calella de Palafrugell in der nächtlich erleuchteten Bucht (links). Besonders sehenswert ist die neoromantische Schlossanlage des Botanischen Gartens am Cap Roig (großes Bild). Einige kleine schöne Buchten sind von Calella de Palafrugell aus leicht zu erreichen, darunter Tamariu und Aigua-Gelida (unten links), die von bis zum Ufer reichenden Pinienwäldern umgeben sind.

BEGUR

»Begur ist authentisch« – damit wirbt die kleine Gemeinde in der Provinz Girona auf ihrer Website. Tatsächlich hat der alte Ort seine Identität nicht verloren, obwohl heute viele Touristen von seiner pittoresken Romantik angezogen werden. Inmitten einer reizvollen Hügellandschaft, erstreckt sich die Altstadt unterhalb der Ruinen einer einstmals imposanten mittelalterlichen Burganlage. Auch die gemauerten Türme in der Altstadt legen Zeugnis von einer unruhigen Geschichte ab: Hoch über der Küste dienten sie als Wehranlagen gegen Seeräuber. Heute zeigt sich die Mittelmeerküste mit ihren Felswänden und Pinienwäldern und den acht kleinen Buchten und Stränden, die sich entlang der abwechslungsreichen Küstenlinie von Begur reihen, von ihrer schönsten Seite. Zum Gemeindegebiet gehört auch das kleine romanische Dorf Esclanyà mit seiner Kirche Sant Esteve.

Die Geschichte der Stadt Begur, deren histori-sches Zentrum sich rund um den Burghügel erstreckt, reicht bis ins frühe Mittelalter zurück. Von der im 11. Jahrhundert durch den Ritter Arnst de Begur errichteten Burg zeugen heute noch die Wehrtürme und Ringmauern (großes Bild). Zu den schönsten Buchten der Costa Brava zählen die Strände rund um Begur wie die tief eingeschnittene Cala Fornells (links).

GIRONA

An den Ufern des Onyar gelegen, bezaubert Girona durch sein mittelalterliches Gassengewirr, eine imposante Kathedrale sowie einige beachtenswerte Museen. Seit dem 5. Jahrhundert als römisches Gerunda besiedelt, später von den Mauren zerstört, erlebte das Städtchen seine Hochblüte im Mittelalter. In dieser Zeit entstand hier eine bedeutende sephardische Judengemeinde, die eine europaweit beachtete kabbalistische Schule hervorbrachte. Ihr Ende kam, als 1492 durch das Alhambra-Edikt alle spanischen Juden des Landes verwiesen wurden. Das jüdische Viertel El Call blieb jedoch unzerstört, sodass man in Girona eines der besterhaltenen jüdischen Viertel Europas besichtigen kann. Ferner bestehen noch Teile der römischen Grundmauern und der mittelalterlichen Stadtbefestigung sowie die sogenannten »Arabischen Bäder«, eine Anlage aus der romanischen Epoche Gironas.

Gironas Lage unmittelbar am Fluss bezaubert jeden Betrachter: In der Abendsonne spiegeln sich die pastellfarbenen Wohnhäuser in den träge dahinfließenden Fluten des Onyar (links und großes Bild). Das jüdische Viertel El Call versetzt einen dagegen in die mittelalterliche Vergangenheit der Stadt. Über steile Treppen, durch winzige Gässchen und Passagen führt der Weg durch diesen besonderen Stadtteil (unten).

GIRONA: KATHEDRALE SANTA MARÍA

Eine barocke Freitreppe führt in 90 Stufen vom Carrer de la Força zur Kathedrale Santa Maria hinauf, die an der Stelle thront, an der sich in römischer Zeit das Forum Romanum erhob. Von dem romanischen Vorgängerbau ist heute lediglich der Kreuzgang erhalten. Im 11. Jahrhundert wurde mit dem Bau der Kathedrale begonnen, die ursprünglich als dreischiffige Basilika konzipiert wurde. Der Entschluss, den Kirchenraum als einschiffige Anlage zu errichten, bedeutete in damaliger Zeit eine große architektonische Herausforderung. Mit 23 Metern besitzt die Kathedrale von Girona das breiteste derzeit existierende Kirchenschiff. Der barocken Fassade steht der Turm aus dem 11. Jahrhundert zur Seite, das übrige Bauwerk stammt aus dem 14. Jahrhundert. Zu den wertvollsten Stücken der Innenausstattung gehört ein Wandteppich aus der Romanik, der Christus als Weltschöpfer darstellt.

Über dem pastellfarbenen Häusermeer Gironas wacht die Kathedrale Santa Maria (links). Sechs Jahrhunderte vergingen bis zu ihrer endgültigen Fertigstellung, und so verkörpert jedes ihrer Elemente eine andere Stilepoche. Das Innere der Kathedrale birgt wertvolle Schätze: Ein goldener Altaraufsatz umschließt das Bildnis des heiligen Narcissus im Bischofsgewand, der als Schutzpatron der Stadt verehrt wird (großes Bild).

GIRONA: BARRIO JUDÍO (EL CALL)

Fast 600 Jahre lang war Girona das geistige Zentrum sephardischer Juden im nördlichen Katalonien. Hier wurde die Kabbala erstmals schriftlich fixiert und verbreitete sich von Girona aus in andere jüdische Gemeinden, in den Gelehrtenschulen entstanden erste hebräische Grammatikbücher. Girona ist auch die Geburtstadt von Nachmanides – dem 1194 geborenen jüdischen Philosophen und Oberrabiner Kataloniens, dessen Ausführungen zur Thora bis heute rezipiert werden. Steigt man den Carrer de la Força hinauf, gelangt man in die engen Gassen von El Call – dem ehemaligen jüdischen Stadtviertel, das den Betrachter daran erinnert, dass sich zwischen den kühlen Mauern einst reges jüdisches Leben entfaltete. Als Kaufleute, Bankiers, Mediziner und Handwerker trugen die Juden zum Wohlstand der Stadt bei. Ihre Vertreibung bedeutete einen großen Verlust für Girona.

Nur wenig Licht fällt zwischen die eng beieinan-
derliegenden Hauswände des jüdischen Viertels
(unten links). Doch nach der Restaurierung im
Jahr 1992 sind die Gassen freundlicher geworden – Designer und Barbesitzer haben das besondere Flair von El Call längst erkannt (großes
Bild). Ein Davidstern ziert den herrlich angelegten
Patio im sephardischen Forschungszentrum und
Museum »Centre Bonastruc ça Porta« (links).

KATALANISCHE KÜCHE

Die katalanische Küche gehört inzwischen zu den aufregendsten der Welt. Das liegt zum einen am multikulturellen Einfluss der Hafenstadt Barcelona, zum anderen an der Tradition, Speisen nur aus frischen Zutaten zuzubereiten. So kommt es, dass selbst Restaurants mit modernstem Anspruch neuerdings wieder traditionelle katalanische Gerichte auf die Speisekarte setzen. Denn schon seit jeher bestehen die Gerichte Kataloniens aus vier außergewöhnlichen Ingredienzen: Fangfrisches aus dem Meer, Fleisch und Gemüse aus dem fruchtbaren Hinterland sowie je eine Prise der jüdisch-arabischen und der französischen Küche. Typisch für die katalanische Küche ist die Kombination von Fisch mit Fleisch, wie beim »sípia amb mandonguilles« (Tintenfisch mit Fleischklößchen). Würzig sind die Wurstgerichte, wie die »botifarra amb mongetes« (Bratwurst mit weißen Bohnen und Knoblauchsoße). Die jüdisch-arabischen Einflüsse – Folge der jahrhundertelangen Koexistenz der Religionen – zeigen sich in Gerichten wie »espinacas a la catalana« (Spinat mit Pinienkernen und Rosinen). Die französische Küche schlägt sich vor allem in der Vielfalt der Nachspeisen nieder: Es gibt »mel i mató« (Ziegenfrischkäse mit Honig), »bunyols« (Krapfen) oder »cocas« (Hefekuchen mit Trockenfrüchten und Pinienkernen).

»Pa amb tomàquet«, geröstetes Weißbrot mit Olivenöl, Tomaten und Knoblauch, ist in allen Variationen eine der typischen Speisen Kataloniens, die man zum Frühstück oder zwischendurch einnimmt (links). »Crema catalana« – ein Pudding mit Karamellschicht (ganz links) erinnert an sein französisches Vorbild, die Crème brûlée. Urig geht es in der Küche des Restaurants Los Caracoles in Barcelona zu (großes Bild).

BESALÚ

Besalú blickt auf eine lange Geschichte zurück: Aus der ehemaligen römischen Befestigungsanlage Bisuldunum entwickelte sich in den folgenden Jahrhunderten die Stadt Besalú, die im 9. Jahrhundert als Residenz Graf Wilfrieds I. von Barcelona Bedeutung erlangte. Zwischen dem 9. und dem 14. Jahrhundert war Besalú die Hauptstadt der gleichnamigen Grafschaft. Zu dem denkmalgeschützten mittelalterlichen Ort führt eine romanische Wehrbrücke über den Fluss Fluvià. Im Zentrum des alten Stadtkerns liegen die mit Säulengängen eingefasste Plaça Major sowie die Kirche Sant Vicenç aus dem 10. Jahrhundert, die Klosterkirche Sant Pere und das Hospital de Sant Julià aus dem 12. Jahrhundert. Ein außergewöhnliches Zeugnis jüdischer Kultur ist die Mikwe, das Haus für rituelle Bäder, das einzige seiner Art in Spanien. Zwischen Besalú und Olot erstreckt sich der Nationalpark La Garrotxa.

Wahrzeichen des mittelalterlichen Städtchens am Fuß der Pyrenäen ist die Brücke aus dem Jahr 1315, die die Fluvià mit fünf Bögen überspannt (großes Bild). Durch das Stadttor und den Wehrturm war Besalú zur Flussseite hin gesichert. Im historischen Zentrum führen enge Gässchen durch die dicht beieinanderstehenden Häuser. Oben auf dem Hügel erhebt sich der Turm der Kirche Santa Maria (links).

FIGUERES: TEATRE-MUSEU DALÍ

An der Plaça Gala-Salvador Dalí in Figueres steht das größte surrealistische Objekt der Welt: das 1974 gegründete Dalí-Theater-Museum. Das Gebäude wurde bereits im 19. Jahrhundert errichtet (1849–1850), jedoch durch den Spanischen Bürgerkrieg 1939 zerstört. Dalí war begeistert von der Idee, das ehemalige Theater zum Tempel seiner Werke umzugestalten. Das Dach schmückte er mit riesigen Eiern, ein Lieblingssymbol Dalís für Hoffnung und Liebe. Heute beherbergt die Fundació Gala-Salvador Dalí verschiedene Sammlungen sowie mehrere Tausend Objekte aus allen Schaffensperioden seines Lebens: Zeichnungen, Malereien, Objekte, Skulpturen, Installationen, Fotografien und vieles mehr. Dalís Werke sind im ganzen Gebäude verteilt. Gleich beim Eintreten stößt man im Hof auf das Regentaxi und kann den Mae-West-Saal als dreidimensionales Environment bewundern.

Eine Glaskuppel sowie riesige Eier aus Beton bekrönen das Dach des Dalí-Museums in Figueres (Bild links). Das Innere dieses surrealistischen Gesamtkunstwerks gewährt einen umfassenden Einblick in die traumhaft-halluzinatorische Welt Dalís (großes Bild). Auch das Deckenbild (unten) in dem »Palast der Winde« genannten Raum ist ein Werk des Meisters des Surrealismus, der in der Krypta des Museums bestattet ist.

SALVADOR DALÍ

Salvador Felipe Jacinto Dalí i Domènech, wie er mit vollem Namen hieß, 1904 als Sohn des städtischen Notars in Figueres geboren, wurde zu einem der bedeutendsten Vertreter des Surrealismus. Er lebte und arbeitete später vor allem in Paris, USA und in Cadaqués und machte mit seinen provokanten Auftritten und Werken immer wieder auf sich aufmerksam. In Madrid zum Maler ausgebildet, schuf er nicht nur Bilder, sondern auch Skulpturen, Installationen, Bühnenbilder, literarische Werke und Filme, unter anderem auch in Zusammenarbeit mit Luis Buñuel, einem der wichtigsten Filmregisseure des 20. Jahrhunderts. Bestimmend für die Werke Dalís wurde Sigmund Freuds Konzeption des Unbewussten, eine »sur-realité«, um deren künstlerische Darstellung es Dalí im Wesentlichen ging. Neben den bekannteren durch Träume inspirierten Werken, griff Dalí immer wieder auch religiöse Themen auf; auch seine Frau Gala ist häufig auf den Gemälden dargestellt. Aufgrund seines malerisch technischen Könnens realisierte er seine Bilder in einem altmeisterlichen Malstils, der an den späten Fotorealismus erinnerte und sein Werk charakteristisch durchzog. Sein exzentrisches Verhalten und seine späten Arbeiten führten in der Werksrezeption oft zu Kontroversen. Der Künstler starb 1989 in seiner Geburtsstadt.

Unweit des Museums in Figueres werden die Konterfeis des Meisters in allen Variationen angeboten (Bilder links). In dem eindrucksvollen und originellen Museum werden neben Gemälden zahlreiche Installationen und Objekte gezeigt; auch der Werksprozess (unten rechts) des Künstlers ist anhand von Beispielen gut dokumentiert. Unten links: Salvador Dalí in seinen letzten Jahren.

CADAQUÉS

Dieses Fischerdorf abseits der großen Reiserouten war bis vor 100 Jahren praktisch völlig unbekannt, doch dann ließ sich Salvador Dalí hier in seinem heute berühmten Haus in Port Lligat nieder, und von da an pilgerten die Surrealisten und andere gleichgesinnte Künstler wie Paul Éluard, Luis Buñuel, Marcel Duchamp oder Max Ernst in den Ort inmitten der einsamen Landschaft. Mit dem Ende der Franco-Diktatur entdeckte die »gauche divine«, die »göttliche Linke«, den Ort und verwandelte ihn in ein Zentrum des intellektuellen Widerstands. Cadaqués ist heute ein hübsches Städtchen mit malerischen weißen Häusern, von denen viele als Bars, Restaurants oder Unterkünfte dienen. Wie in einem Freilichtmuseum begegnet man, umgeben von wunderbarer Natur, die von der Bauwut späterer Zeiten weitgehend verschont blieb, den Erinnerungen an die Künstler, die hier verkehrten.

Harmonisch fügt sich das auf der Halbinsel Cap de Creus gelegene ehemalige Fischerdörfchen in die offen daliegende Bucht (links). Trotz der in den Sommermonaten steigenden Besucherzahlen geht es in Cadaqués noch weitgehend beschaulich zu. Die Altstadt mit ihren typischen weißen Häusern wird von der Kirche Santa María beherrscht (großes Bild). Besonders sehenswert ist der Barockaltar aus dem 18. Jahrhundert.

REGISTER

BILDNACHWEIS / IMPRESSUM

A = Alamy
C = Corbis
G = Getty Images
L = Laif
M = Mauritius Images

Cover: M/Alamy (Palau de la Música Catalana)

S. 1 M/Alamy, S. 2/3 Huber/Mirau, S. 4/5 G/Samuel Aranda, S. 6/7 G/Larry Bray, S. 8/9 M/Alamy, S. 10/11 G/Travelpix Ltd, S. 12/13 G/Travelpix Ltd, S. 14/15 C/Massimo Borchi, S. 16/17 M/Alamy, S. 17 L/Dorothea Schmid, S. 17 L/Michael Lange, S. 18/19 M/Alamy, S. 19 M/Alamy, S. 19 A/imagebroker, S. 20 M/Alamy, S. 20/21 Look/Jürgen Richter, S. 21 M/Alamy, S. 22/23 Look/Andreas Strauß, S. 23 L/Camille Moirenc, S. 23 L/Dieter Klein, S. 24/25 M/Alamy, S. 25 G/De Agostini Picture Library, S. 25 M/Alamy, S. 26/27 A/Gregory Wrona, S. 27 M/Alamy, S. 27 G/Heritage Images, S. 27 M/Alamy, S. 28/29 C/Jean-Pierre Lescourret, S. 29 A/PCL, S. 29 Look/Ingolf Pompe, S. 30/31 Look/age fotostock, S. 31 L/Dorothea Schmid, S. 31 C/Ramon Manent, S. 32/33 A/imagebroker, S. 33 Look/Juergen Richter, S. 33 C/Massimo Borchi, S. 34 M/Alamy, S. 35 Look/Ingolf Pompe, S. 34/35 Look/Jürgen Richter, S. 36/37 G/Micha Pawlitzki, S. 37 Look/age fotostock, S. 37 C/Albert Gea, S. 38/39 M/Alamy, S. 39 M/Alamy, S. 39 M/Alamy, S. 40/41 L/Frank Tophoven, S. 41 M/Carlos Sanchez Pereyra, S. 41 M/Alamy, S. 41 Look/Ingolf Pompe, S. 42/43 Look/Juergen Richter, S. 43 M/Alamy, S. 44/45 G/Peter Adams, S. 45 Huber/Anna Serrano, S. 46/47 C/Cahier Davitt, S. 47 L/Emile Luider, S. 47 M/Alamy, S. 47 M/Alamy, S. 47 L/Emile Luider, S. 48/49 A/Trevor Buchanan, S. 49 L/Frank Tophoven, S. 49 M/Erwin Wodicka, S. 50/51 A/Lonely Planet Images, S. 51 M/Alamy, S. 51 A/Lonely Planet Images, S. 52/53 G/Jeremy Horner, S. 53 L/Frank Tophoven, S. 53 L/Frank Tophoven, S. 53 C/Owen Franken, S. 53 L/Frank Tophoven, S. 53 L/Gonzalez, S. 54/55 M/Alamy, S. 55 M/CuboImages, S. 55 M/CuboImages, S. 55 M/CuboImages, S. 55 Look/age fotostock, S. 55 M/CuboImages, S. 56/57 C/Juan Medina, S. 57 A/1Apix, S. 57 L/Franck Crusiaux, S. 57 M/Bettina Strenske, S. 58 G/C. Maury, S. 59 G/Emreturanphoto, S. 58/59 Look/age fotostock, S. 60/61 C/Alan Copson, S. 61 G/Klaus Lahnstein, S. 61 L/Emile Luider, S. 62 M/Alamy, S. 63 M/Alamy, S. 63 L/Axel Fassio, S. 63 G/Eike Maschewski, S. 63 C/Macduff Everton, S. 63 L/Emile Luider, S. 63 Look/Juergen Richter, S. 63 C/Atlantide Phototravel, S. 64/65 C/Grand Tour Collection, S. 65 L/Peter Rigaud, S. 65 A/PCL, S. 66 C/STR, S. 66 G/Frazer Harrison, S. 66 G/Cesar Rangel, S. 67 L/Gunnar Knechtel, S. 67 L/Gunnar Knechtel, S. 67 G/Frazer Harrison, S. 67 G/Lluis Gene, S. 67 G/Frazer Harrison, S. 68 M/Alamy, S. 68 M/Alamy, S. 68 M/Alamy, S. 68 M/Alamy, S. 68/69 G/Patrick Landmann, S. 69 C/Ramon Manent, S. 69 C/Ramon Manent, S. 70/71 Look/Juergen Richter, S. 71 Look/Juergen Richter, S. 71 Look/Juergen Richter, S. 71 Look/Juergen Richter, S. 71 Look/Ingolf Pompe, S. 71 Look/Juergen Richter, S. 71 Look/Ingolf Pompe, S. 72/73 A/Patrick Forget, S. 73 A/Patrick Forget, S. 73 M/Alamy, S. 73 M/Alamy, S. 73 M/Alamy, S. 74/75 C/Oriol Alamany, S. 75 Look/age fotostock, S. 75 Look/age fotostock, S. 76/77 G/Quim Roser, S. 77

M/Alamy, S. 78/79 M/Alamy, S. 79 A/The Art Gallery Collection, S. 80/81 Look/Juergen Richter, S. 82/87 G/Jeremy Walker, S. 83–86 G/Panoramic Images, S. 87 G/Travelpix Ltd, S. 88/89 C/Grand Tour Collection, S. 89 C/Guido Cozzi, S. 90/91 L/Dorothea Schmid, S. 91 Look/Ingolf Pompe, S. 91 Look/Ingolf Pompe, S. 91 Look/Sabine Lubenow, S. 91 M/Alamy, S. 92 L/Dorothea Schmid, S. 93 G/Panoramic Images, S. 92/93 L/Francois Perri, S. 94 L/Gunnar Knechtel, S. 94 L/Maurizio Borgese, S. 94/95 L/Gunnar Knechtel, S. 95 L/Michelle V. Agins, S. 95 L/Maurizio Borgese, S. 96/97 L/VU, S. 96 L/Martin, S. 96 L/Loris Savino, S. 96 L/Cathrine Stukhard, S. 96 L/Martin, S. 97 C/John Harper, S. 97 L/Cathrine Stukhard, S. 98/99 M/Alamy, S. 99 A/travelstock44, S. 99 A/Travel Division Images, S. 100/101 A/imagebroker, S. 101 A/imagebroker, S. 102 A/John Warburton-Lee Photography, S. 103 C/Micha Pawlitzki, S. 103 M/GTW, S. 103 M/GTW, S. 104 M/Alamy, S. 105 M/Alamy, S. 104/105 M/Alamy, S. 106 M/SuperStock, S. 107 Look/age fotostock, S. 107 Look/Ingolf Pompe, S. 107 G/Universal History Archive, S. 108/109 A/VIEW Pictures Ltd, S. 109 M/Alamy, S. 109 L/Gunnar Knechtel, S. 110/111 M/Rene Mattes, S. 111 L/Jean-Daniel Sudres, S. 111 M/André Pöhlmann, S. 111 L/Karl-Heinz Raach, S. 111 Look/Ingolf Pompe, S. 111 G/Stefano Politi Markovina, S. 112/113 G/Manfred Rutz, S. 113 L/Patrick Escudero, S. 113 C/Guido Cozzi, S. 114/115 M/Alamy, S. 115 G/Medioimages, S. 115 G/Gavin Hellier, S. 115 M/Alamy, S. 116/117 G/Hiroyuki Matsomoto, S. 117 G/SantiMB, S. 117 M/Alamy, S. 118/119 C/Alan Copson, S. 119 G/Panoramic Images, S. 120/121 C/Micha Pawlitzki, S. 121 C/Jean-Pierre Lescourret, S. 121 L/Martin, S. 122 C/Jean-Pierre Lescourret, S. 122 C/Richard Bryant, S. 123 C/Gustau Nacarion, S. 123 C/Gustau Nacarion, S. 122/123 L/Dorothea Schmid, S. 124/125 Look/Ingolf Pompe, S. 126/127 G/Panoramic Images, S. 127 Look/age fotostock, S. 128 L/Mario Fourmy, S. 128/129 A/CuboImages srl, S. 129 L/Martin, S. 129 L/Martin, S. 129 A/Richard Levine, S. 129 L/Patrick Escudero, S. 129 A/Author's Image Ltd, S. 130 A/GM Photo Images, S. 130 A/Robert Harding Picture Library Ltd, S. 131 A/PCL, S. 130/131 A/travelstock44, S. 132/133 C/Jean-Pierre Lescourret, S. 133 L/René Mattes, S. 133 L/Dorothea Schmid, S. 133 A/imagebroker, S. 134 G/Glen Allison, S. 135 G/Panoramic Images, S. 134/135 C/Jose Fuste Raga, S. 136/137 C/Jean-Pierre Lescourret, S. 137 C/Jean-Pierre Lescourret, S. 137 L/Heiko Meyer, S. 137 C/Jean-Pierre Lescourret, S. 137 L/Dorothea Schmid, S. 138 L/Bertrand Gardel, S. 139–142 G/Panoramic Images, S. 143 Look/Jürgen Richter, S. 143 C/Jean-Pierre Lescourret, S. 143 M/Rene Mattes, S. 144/145 G/Stefano Politi Markovina, S. 144 G/Heritage Images, S. 145 G/Murat Taner, S. 146/147 A/travelstock44, S. 147 Look/Ingolf Pompe, S. 147 L/Cover, S. 147 L/Miguel Gonzalez, S. 148/149 Look/age fotostock, S. 149 Look/age fotostock, S. 149 G/Gustavo's photos, S. 150/151 L/Camille Moirenc, S. 151 M/Alamy, S. 152 Look/Ingolf Pompe, S. 153 Look/age fotostock, S. 152/153 M/Alamy, S. 154/155 L/Heiko Meyer, S. 155 L/Heiko Meyer, S. 155 L/Heiko Meyer, S. 155 L/Heiko Meyer, S. 156/157 C/Jose Fuste Raga, S. 157 M/Alamy, S. 157 L/Dorothea Schmid, S. 157 Look/Jürgen Richter, S. 158 L/Juan Manuel Castro Prieto, S. 159 L/Miquel Gonzalez, S. 159 G/fotoVoyager, S. 159 L/Bertrand Gardel, S. 159 G/Panoramic Images, S. 159 M/Alamy, S.

160 L/Frank Siemers, S. 161 Look/Ingolf Pompe, S. 161 L/Martin, S. 161 G/Atlantide Phototravel, S. 161 L/Martin, S. 162/163 M/Jose Fuste Raga, S. 163 Look/age fotostock, S. 163 Look/age fotostock, S. 164/165 C/Guido Cozzi, S. 165 G/Lonely Planet Images, S. 165 C/Guido Cozzi, S. 166/167 L/Gunnar Knechtel, S. 167 L/Ana Nance, S. 167 L/Martin, S. 167 L/Hemis, S. 167 L/Juan Carlos Jones, S. 167 L/John Frumm, S. 167 L/Gunnar Knechtel, S. 167 L/Marie-Jose Jarry et Jean-Francoi Tripelon, S. 168/169 L/Heiko Meyer, S. 170/171 Look/Jürgen Richter, S. 171 C/Jon Hicks, S. 172 C/Found Image Holdings Inc, S. 172/173 L/Dorothea Schmid, S. 173 C/Bettmann, S. 174/175 Look/Juergen Richter, S. 175 A/philipus, S. 175 A/Trippin' Out, S. 175 M/CuboImages, S. 176/177 Look/Jürgen Richter, S. 177 G/SuperStock, S. 177 Look/Jürgen Richter, S. 177 Look/Elan Fleisher, S. 178 A/Arcaid, S. 178 A/Arcaid, S. 178/179 A/Jordi Cami, S. 179 Look/Jürgen Richter, S. 180/181 Look/Jürgen Richter, S. 181 Look/Juergen Richter, S. 182/183 L/Heiko Meyer, S. 183 A/Lonely Planet Images, S. 183 L/Bertrand Rieger, S. 184/185 A/CuboImages srl, S. 185 Look/Juergen Richter, S. 185 L/ René Mattes, S. 186/187 Huber/KaosÜ2, S. 187 M/Alamy, S. 188/189 G/Panoramic Images, S. 189 L/Miquel Gonzalez, S. 190/191 G/Scott R Barbour, S. 191 M/Alamy, S. 191 M/Alamy, S. 191 M/Alamy, S. 192 L/VU, S. 193 L/Yann Guichaoua, S. 193 C/Guido Cozzi, S. 194/195 L/Heiko Meyer, S. 196/197 A/Gregory Wrona, S. 197 C/Christian Maury, S. 198/199 C/Jean-Pierre Lescourret, S. 199 C/Ramon Manent, S. 199 L/Miquel Gonzalez, S. 200/201 L/Andrea Artz, S. 201 M/Alamy, S. 201 A/Oso Media, S. 202/203 L/Heiko Meyer, S. 203 G/Artur Debat, S. 204/205 L/Dorothea Schmid, S. 205 G/Manfred Rutz, S. 205 Look/Jürgen Richter, S. 206 C/Christian Liewig, S. 207 L/Edgar Rodtmann, S. 207 C/Albert Gea, S. 206/207 G/David Ramos, S. 208/209 A/Toni Vilches, S. 209 M/Alamy, S. 209 C/Juan Medina, S. 209 C/Juan Medina, S. 210/211 L/Navia, S. 212/213 M/Alamy, S. 213 M/Alamy, S. 213 M/Alamy, S. 213 M/Alamy, S. 213 M/Alamy, S. 213 M/Alamy, S. 213 M/Alamy, S. 214/215 G/Panoramic Images, S. 215 M/Alamy, S. 216/217 C/Jose Fuste Raga, S. 217 G/Jamie Garbutt, S. 218/219 C/Joseph Sohm, S. 219 A/David Zanzinger, S. 219 A/Ken Welsh, S. 220/221 C/Hans Georg Roth, S. 221 G/Panoramic Images, S. 222/223 M/Alamy, S. 223 G/Luis Castaneda Inc., S. 223 C/Charles Lenars, S. 223 C/Jose Fuste Raga, S. 224/225 M/Alamy, S. 225 C/Gustau Nacarino, S. 225 M/Alamy, S. 226 C/Peet Simard, S. 227 C/Peter Adams, S. 227 C/Peet Simard, S. 228/229 L/Gonzalez, S. 230/231 M/Imagebroker, S. 231 G/Panoramic Images, S. 232/233 M/Alamy, S. 233 Look/Jürgen Richter, S. 234 L/Clemens Zahn, S. 235 L/Clemens Zahn, S. 234/235 G/Ruth Tomlinson, S. 236/237 G/Michael Turek, S. 237 Look/Jürgen Richter, S. 238/239 G/Gavin Hellier, S. 239 G/Martin Child, S. 239 G/QuimGranell, S. 240/241 M/Alamy, S. 241 M/Alamy, S. 242 M/Alamy, S. 242/243 L/Miquel Gonzalez, S. 243 A/Arco Images GmbH, S. 244/245 C/Cahir Davitt, S. 245 C/Bialy, Dorota i Bogdan, S. 245 M/Pixtal, S. 246/247 G/Luis Castaneda, S. 247 G/Panoramic Images, S. 248/249 C/Scott Warren, S. 249 M/Alamy, S. 249 L/Emilio Suetone, S. 250 L/STILLS, S. 251 C/Bradley Smith, S. 251 L/Patrick Frilet, S. 251 L/Samuel Zuder, S. 252/253 C/Grand Tour Collection, S. 253 G/Julio Alvarez.

© 2017 Kunth Verlag GmbH & Co. KG, München
Königinstr. 11
80539 München
Tel. +49.89.45 80 20-0
Fax +49.89.45 80 20-21
www.kunth-verlag.de
info@kunth-verlag.de

Printed in Slovakia

Text: Dr. Natalie Göltenboth, Ingrid Langschwert, Dr. Ulrike Prinz, Dr. Isabel Rith-Magni